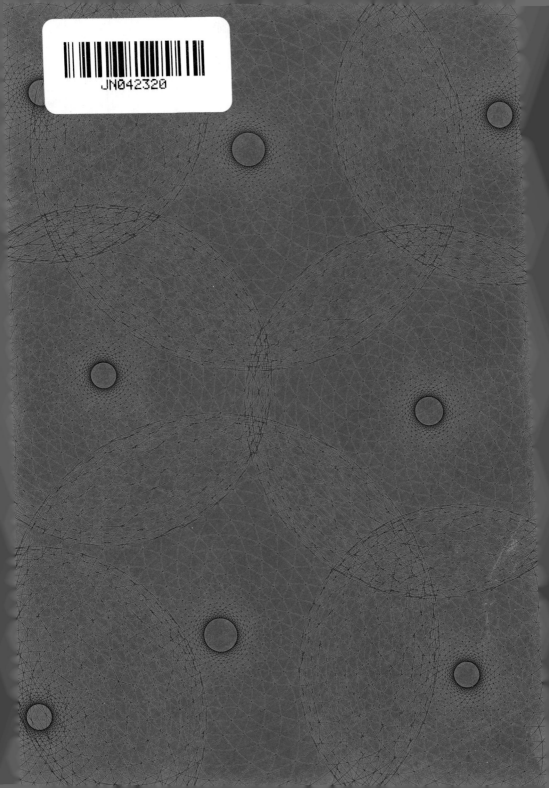

神々より日本人へ

石橋マリア

聞き手・解説　石橋与志男

はじめに――目覚めよ日本人

初めまして。石橋マリアと申します。佐賀県武雄市の「コスモライト石橋」という施術院にて、主人の石橋与志男のサポートをしております。

コスモライト石橋では、主人が持って生まれたその類まれなる能力を生かし、難病や奇病、その他の病に悩み苦しむ多くの方々を改善に導くお手伝いをしています。

石橋与志男は幼少期から、龍や精霊などといった、普通は目に見えない存在との繋りを持ち、共に遊び育ったようですが、それは主人にとってごく当たり前の日常であり、まわりの人たちも、きっと見えているはずだと思っていたそうです。成長するにつれ、「**自分の能力は人とは違う**」ということを知り、地元の企業に一度勤めたのち、「**その能力を活かして人を助ける**」という明確な目的を悟り、その後アメリカで医学を学び、世界中のシャーマンや神々たちと交流しながら、より高みを目指すための長い修行の旅に出ることになります。

私自身の能力は、主人の石橋与志男とは異なります。わかりやすく申し上げますと、主に「イタコ」や「ユタ」と呼ばれる方々と同じ、自分の身体に霊や神を降ろし、その方たちが伝えたいことを、私の声を使って伝える、いわゆる「**降霊術**」や「**チャネリング**」と言われるものです。

チャネリングとは神様の言葉や亡くなった方の魂の思いを人間の体を媒体として伝えることをいいます。霊媒、すなわち人間の体に別の魂を入れることは肉体的・精神的に多大な負担を要します。安易に霊媒を行うと低級霊や眷属（狐、狸などの動物霊）が肉体を乗っ取り、精神を蝕み、命の危険性があります。

しかし霊媒時は主人（石橋与志男）が常に隣でサポートし肉体の周りに結界を張り、低級霊が絶対に入ってこないように防御することにより、このような神々からの真のメッセージを人々に伝えることができるのです。

そこから現在までのお話、施術に関して、そして私自身のお話は、巻末の「おわりに」でこれまで経験してきた不思議な体験談を交え、ご紹介させていただこうと思います。

まず、この本では、石橋与志男が、神々から伝えられた「**日本の危機**」についてのメッセージをもとに、私がさまざまな神々を降霊することにより、より深く具体的に神の真意を問うていくというものです。

ここでは、西洋東洋を問わず、さまざまな神様を降霊し、「**大和民族がなぜ選ばれた民族であるのか**」「**現在の困難な状況を生き抜く理由と意味**」「**光と闇の真実**」「**日本と世界の真実の歴史**」など、これまで明らかにされていないような事柄も神々に伺ってみました。

私自身は、仏門を学び在家得度を受けましたが、主人との出会いにより、神道の教えも学んでおります。ただ、神様のお言葉の中には、初めて聞く名称や事柄、一般的に解釈が難しいと思われる内容も含まれていますので、神様の降霊記述のあとに、それぞれ私たちが知り得る限りの解説を付け加えさせていただきました。

チャネリングの時は、身体を神様に明け渡した状態ですので、私自身の意識や記憶も鮮明ではなくなります。話の内容はほとんど覚えていないケースも多いのですが、神様が話された内容について、その時の思いや感情、情景を見せられることがあります。その場合は私の記憶にも残ります。今回は、本にしてすべての記述を残し、多くの方々に伝える役目がありますので、石橋与志男が聞き手となり、出版社の編集やライターの方々の前で降霊を行い、すべてを記録していただきました。

神々のお言葉には厳しいものもございますが、「**金の価値のある日本という国**」そして、**選ばれた民として日本に生まれた**「**大和民族**」であるということに目覚め、**調和と共に美しいこの大和の国を守ってほしい**と願われております。

そして、一刻も早く、このことを多くの日本人に伝えてほしいと――。

神々からのご加護に感謝し、神々の真意をお伝えしたいと思います。

あなたの人生が愛と調和で満たされますように。

目次

第三章 日本の神々からのメッセージ PART2

❖降霊術に関して　石橋マリア

降霊術（以下チャネリング）には、3種類の方法があります。
①深いトランス状態（睡眠状態）に入り、体を神霊に預ける方法。とても危険な方法。
②半トランス状態で、自分の意識は起きている。
自分の知恵の中で話せる範囲で神霊の想いを現代の言葉や日本語に変換し告げる方法。
③深いトランス状態で、神霊の想いをマインドで受け取り表現する方法。
私は②の方法でチャネリングをしています。

第一章

日本の神々からのメッセージ

PART 1

天之御中主神

あまのみなかぬしのかみ

天之御中主神

ここよりチャネリング

与志男：天之御中主神様、お越しいただきましたことを心から感謝いたします。今、世界が大変なことになっております。日本の存続も危ぶまれております。人々がこの混沌とする中で、大和民族は何をしたらよろしいか、また正しく大和の国を守っていくためにどのようにしたらよろしいか、天之御中主神様に是非、お知恵を授けていただきたく、お呼びした次第です。

天之御中主神「よしよしよし、まずは聞くぞ、聞くぞ」

与志男：はい、天之御中主神様にお聞きいたします。日本の歴史書『古事記』の中で、天地開闢《てんちかいびゃく》＊注1の際に、高天原《たかあまはら》＊注2に造化の三神＊注3のお一人として生まれたとされておりますが。

天之御中主神「それは違うの」

与志男：それはどういうことでしょう。

天之御中主神「日本を建て直すためにやって来たのぉ、人々を作り出したものの他になくてはならぬものがある」

与志男：はい。

天之御中主神「一つはこの大和の国の富士の山を作り出し、富士の山を眺めさせて、天界を思うこと。人々に苦労をかけ、この富士のようにと願わせること。富士の山を思い、日々、感謝で過ごすこと。造詣《ぞうけい》＊注4が深いとは申さぬ、大和の国は神の国ぞぉー。富士の山を思うて、過ごさぬ輩《やから》が増えてきたなぁー。富士の山、天界の山、雲が晴れると世界を見渡す神々の山ぞぉー。国を守るには、人が人である前に人間であることを忘れては、人はまだまだそこまでいかぬのぉー。人間である輩も少なく、人と神との間を『人間』と言うぞぉー。人すなわち『霊が止まる』と書く、霊はこの世の中で最も大切なものぞぉー、すべてがそこに書いてある。男は男。それが今や女子《おなご》のようなふりをして己を怪しく保つ男の多いこと、これは宦官《かんがん》＊注5でも許さぬぞ、許さぬぞ。『女子は女子らしくせい』と申す時代が終わり、女子が女子同士で家庭を持つとはなぁー。人は万物の元ぞぉー。人が魚であった時のことを思い慈しみ感謝をして食らう、人になるまでのことを思い、感謝をして過ごさねば、この大地が許さぬぞぉー。よしよしよしよしよしよしよし、わかったかのー」

与志男：はい、まだまだお伺いいたしたいことがございます。

天之御中主神「申してみー」

与志男：日本の各所に天之御中主神様が祀られている神社がございますが、神社へお詣りするとお会いすることができますか？

天之御中主神「どの神社に行っても、会える者は会える。会えぬ者は会えぬぞぉー。御霊《みたま》*注6が善ければ聞くことはできるがのー。それぞれの御霊次第じゃ。神社に神がおる時代は終わったのー。それぞれの御霊の磨きで人は変わるものぞぉー。神社に詣でる作法も忘れ、小銭を投げ、手を合わせず歌を歌い、許せると思うかぁー。神社、神社と、詣る者こそ、己の信じることに命を捧げ励む者を良しとする」

与志男：御霊を磨くことからですね。以前、お聞きした際、「調和を取ることで世の中が一つになると、そのために己を愛せよ」と、お言葉を頂戴いたしました。人間が己を愛するために、必要なこと、努力すべきことはどのようなことでしょう。

天之御中主神「自分を愛するということは、自分が逃げておるものをまともに受け止め、それを排除するということじゃー。己を己と思わず目をつぶり、人々のことにだけ関心を持つのは、どんなものかのー。己を愛するのは、腹を立てず、心を豊かに人々のことを思い、それがまた己の喜びとなることじゃ。できることから始めぇよー」

与志男：承知いたしました。今、疫病や災害、戦争をはじめとする多様な事象により世界が危機的な状況になっております。地球、ひいては日本存続のために私たちは何をすべきでしょう。天之御中主神様は、このような現状に心を痛めていらっしゃることはありますか？

天之御中主神「我々は、心は痛めてはおらぬのー。日々の結果がこれである。神は子どもを愛し可愛いと思っておるが、子どもらはどうだ。己の私利私欲に走り、『金がどうだ』と『世がどうだ』とほざき、この地球を壊したであろう。この想念こそが人々の不幸を呼ぶ、この戦いはしばらく続くぞぉー。人々を振り分け振り分け濾《こ》す者がおるが、それは生まれる時からの約束ぞぉー。己の約束を果たさぬ者は、すべからくこの地球と共に命を与えぬ、この地球を残したければ、男が男らしく、女が女らしくということぞぉー。大和の国の学びをせよ、大和の国の学びをせよぉー」

与志男：承知いたしました。大和民族に課されている特別な使命はありますでしょうか？

天之御中主神「あるぞ、あるぞ。あまりにも人々の暮らしを見ると、頼らず、頼られず。人々が裸足になり野を駆け、水を汲み、己の力を汗として、また明日の喜びとして、宴を始め人々と楽しむ、それが大和民族。だが今はどうだー、魂の学び、またこれからやり直せよー。人を人とも思わず、動物を虐《いじ》め抜き、草花を見ず、やたらと感謝という言葉を口にしても心動かず、人々に支えられて生きておる者もおるのー。では帰るぞぉー、よいかぁー」

与志男：もう一つだけお聞かせください。神様のお手伝いをするという使命を持つ、選ばれた人たちもいると思います。神様のお力になりたいと思った時に何かできることはございますか？

天之御中主神「生まれてきた時の約束でなぁ、神の力になりたいと思えば、己の魂が神のものであることをまず思い、手を合わせ、朝な夕なに感謝することよ。神は見ておるぞぉー」

与志男：承知いたしました。

神々との対話を終えて

石橋マリア

天之御中主神様は、私の上唇と下唇を力強く合わせ、唇の両端から声を出してお話をなさいます。

私の唇はほとんど動かずお話しされるのですから、不思議な感覚です。

私の中での天之御中主神様のイメージは、日本の古典芸能・能楽で使われる翁面《おきなめん》＊注釈7のそれに似ています。怖いくらいの迫力のある、聴いている方々の背筋が伸びるようななんとも深い谷底から響き渡るようなお声で畳みかけるようにゆっくりと話されます。

天之御中主神様のチャネリングは、魂が震えるような、そして心が研ぎ澄まされた感覚になります。

己の約束について

——解説：石橋与志男

天之御中主神様がおっしゃった「人すなわち『霊が止まる』と書く」をわかりやすく解説すると、創造主である神が霊界を作り、その霊（＝魂）を勉強させるために人間界に男と女を作り、その男と女に霊を止めた。それが「人」であり「霊止《ひと》」と書くということです。そして霊が止まった男と女は、全く違う生き物なので、お互い「間合い」の取り方を勉強しなくてはいけない。それができて初めて「人間」になれる。それは「男と女」の違いやそれぞれの愛についてなどの学びです。要するに「男と女」がお互いを理解する上で必要な人間関係を学ぶということです。だから、人と関わらないと「人間」へ成長はできない。お互いが付き合うことで「間合い」を学び「人間」として成長できる。ところが「人間」の勉強を怠っている人が多過ぎると、天之御中主神様は嘆いていらっしゃるのです。「人と神との間を『人間』と言うぞぉー」とおっしゃる意味は、霊が止まった男と女は、天の神と繋がっているということ。その「神と人の間柄」を『人間』と言っている。要するに神と繋がっている霊（＝魂）をしっかり鍛えなさいということですね。

また国を守る上で、男性が女性化することや、女性の男性化を天之御中主神様は嘆いています。それには理由があります。日本人の男性が弱くなると、国が弱くなり、本来なら女性が男性を助け、子どもを産み育てるのですが今はそうではない。それができないと、やがて人口が減り国は滅ぶ。それを憂いていらっしゃるということです。

ただ実際には男性が弱くなったのではなく、女性が強くなり過ぎた。これは学校教育の弊害です。男女ともに上昇志向で、男女の差がなくなり、力よりも知恵が優先されると、知恵があるのは女性の方なので、男性はおとなしくなります。

子どもを産まない女性が増えると、男性に代わって社会を健全にしようとする女性が増えます。結果、男が弱くなり、女が強くなる。女性は女性としての気持ちを忘れずに、その優しさ、魅力、すばらしい知恵というものを天賦の才として生かしていただきたい。

男性は、本来、優しいのですが、今の男性の優しさの多くは、女性に気に入られようとする偽りの優しさです。またその弱くなった男性の母親は強い女性であることが多い。家庭環境によっても変わりますが、それが現状です。まさに「男が男らしく、女が女らしく」と天之御中主神様がおっしゃる理由でしょう。

神との「己の約束」については、人が生まれた時、その約束を覚えていません。神と人生の学びや目的を約束して、現世に生まれてくるのですが、その過去世は消すことになっているからです。実際に現世で「己の約束」に気づく人は、ほんのひと握りです。

では「己の約束」に気づくためにはどうすればよいか？　今の世の中では、いろんな情報が多過ぎて邪魔をします。以前の日本人は、祖父母、両親、子どもの三世帯が一つ屋根の下に暮らす大家族でした。それぞれの家庭で、笑い、叱られ、叩かれ、いろいろと教育された。そして、その親が死んでいく、親の死に目にもあったのです。そのため子どもは、「親が死ぬ前にこれだけのことをすればよかった」、「あれだけのことをしてあげられたらもっとよかった」、「もっとお母さんと呼んであげられればよかったのに」などと、ハッと気づくことがありました。

ところが今は、核家族となり、情報も多過ぎて、自分の行く道が全くわからず、先人の道を後ろから追いかけ追いついても、自分の役目には気づかないことが多い。けれども今は神々がテレビや本から、そして人の言葉から、気づきをお与えになっています。しかしそれをスルーし、また違うものを求めては、済んだことに思い悩んでいたりします。実はその本やテレビや人々の言葉こそが、〈神から与えられた気づき〉です。人々はその「神から持たされた学び」というものに気づいて、一歩ずつ前進するために歳を重ねています。あなたが今思う「あーすればよかった」ということが、あなたが学ぶ、最も大切なことかもしれません。それはあなたが丁寧に生きていけば、自ずと理解することができるはずです。

注釈一覧（天之御中主神）

＊注1　**天地開闢**：世界の始まりのこと。

＊注2　**高天原**：『古事記』の日本神話において、天照大御神を主宰神とした天津神が住んでいるとされた場所のこと。

＊注3　**造化の三神**：天地開闢の時、高天原に出現し、万物生成の根源となった、天之御中主神、高皇産霊神《たかみむすびのかみ》、神皇産霊神《かみむすびのかみ》の三神のこと。

＊注4　**造詣**：学問や芸術について、知識が広く理解が深く、優れていること。

＊注5　**宦官**：去勢を施された役人。古代から各文化圏に存在した。

＊注6　**御霊**：魂の尊敬語。魂の様相のこと。

＊注7　**翁面**：能面の一種。現在は、能楽で「翁」、「式三番」と言われる曲で、シテが演ずる翁に用いる白い彩色の白色尉と、狂言方が演ずる三番叟に用いる黒い黒色尉とがある。

天照大御神

あまてらすおおみかみ

天照大御神《あまてらすおおみかみ》

ここよりチャネリング

与志男：天照大御神様、お越しいただきましてありがとうございます。教えていただきたいのは、天照大御神様は太陽神であり、高天原《たかあまはら》の主宰神であり、また今に続く天皇家の皇祖神様ともお聞きしております。間違いございませんか？

天照大御神「はい、誠でございます」

与志男：五穀豊穣を祈り、農業を大切に育み、生きてきた大和民族と承知しております。安全な食に恵まれ生きていくためには、どのようなことをしたらよろしいのでしょう。

天照大御神「はい、まずは朝日と共に起き、夕陽と共に休み、力の限り人に与えるものを惜しまず、笑顔で過ごし、頂けるものは感謝をし、そして歌える者は唇に歌を、学べる者は手先に筆を月の光で学び、蛍の光で学び、学び合うことで、この世が発展いたしますなぁ。日本国というものを大切に、『大和民族の皆さま、皆さまには特別な血が流れております。大和民族に選ばれし皆さま、皆さまにおかれましては、どうぞ、優しき心根《こころね》で怒ることをせず、人を愛《いとお》しみ、子を慈しみ、前に前にとお進みあれなぁー』」

与志男：はい。その大和民族の特別な血について、また海外からは、大和民族は特殊な能力を持つ者であるという話もよく聞きます。具体的にはどのようなことでしょう。

天照大御神「金を好きか？」

与志男：はい。

天照大御神「銀は好きか？」

与志男：はい、銀も好きです。

天照大御神「金と銀の違いがわかるか？」

与志男：色の違い、素材の違い。ただ輝きはそれぞれで特別なものと感じます。

天照大御様「金が日本のことぞぉ。銀はその他の国のことぞぉ。金は常に輝きを保ち、銀は空気に触れると変わりますなぁー。金は己が輝き、銀は人様と戦いをします。大和民族は己で立ち上がり、己を輝かし、人々に羨ましがられるであろう。諸外国はこれからも汚れるでありましょうなぁー。大和民族はその多様性からすべてに手を合わせることができますなぁー。諸外国は、神は一つと申し、戦いを始めますなぁー。大和民族はそれほど優秀なる魂を持っておる。気づかぬ者が多いでなぁー」

与志男：貴重なお言葉をありがとうございます。この素晴らしさを、お話を多くの人に伝えたいと思います。今のお話にも関連するかもしれませんが、日本人に生まれることを希望する魂が多いと聞きました。また日本人に生まれることが難しいとも聞きました。それはなぜでしょう。

天照大御神「わたくしにはよくはわかりませぬが、わたくしの思いだけで語ってもよろしゅうございますか？」

与志男：はい、もちろんです。

天照大御神「大和の国というものは、憧れだけでは生まれてはこれませぬ。脈々と続く、先祖からの血、またそれに伴い、全く日本には生まれたことがない血も入らねば発展いたしませぬ。そして大和の国で生まれた魂が諸外国で生まれ、そこでまた大和の国のことを思い出す、そういう魂も増えていると思います。しかしながら大和の国は栄えると聞いております。常に姿勢を正し、萌え出《いづ》る心を忘れず、感謝をして衣食住を大切になさいませ」

与志男：はい、承知いたしました。日本人の役割、また使命とは、どのようなこととお考えでしょう。

天照大御神「大和民族というものは、立ち上がることのない民族でございますが、蕩々《とうとう》と流れております歴史の中で、立ち上がらなくてはならない時もございます。それを忘れておる殿方が多く、殿方に『もっと強く』と願うばかりでございます。また女子《おなご》は女子の役目を忘れ、言葉から髪の色、微笑みからすべて女子ではなくなっておりますなぁー。『大和民族の意識を拡大させていただきたい』と願うばかりでございます」*注1

与志男：はい、承知いたしました。その大和民族の意識についてですが、今、日本人であるのに、大和民族について知らない人が増えてまいりました。大和民族である日本人の大和魂を取り戻すために、大和民族についてお話しいただけないでしょうか？

天照大御神「はい、わたくしは女子でありますので、女子のことしかわかりませぬが、大和民族というものは、人々の中にこそ、魂を思い慈しむものだと思っておりります。すべての人々を我が子のようにと思っております。その国を象徴するものを苦手と申すならば、それは大和民族ではございません。そういう者たちが多くなれば、わたくしたちは守ることをやめとうなりますなぁ。わたくしどもも人間を愛《いとお》しいと思い、この大和の国を守ってほしいと願い、以前よりお話をしてまいりました。この大和の国を大和本来のものに戻すべく、神々も調整をしておりり、その勢いを止めることはできません。人々を慈しみ、これまで待っておりましたが、本来の日本のやるべきことをしてもらえぬならば、一掃するしかございません。〈神々の考えゆえ〉の決断でございます。〈人々の苦悩〉が苦しく思いますが、すべからく、この国を守りとうございます。大和の国を強うするためにもこれはいたし方ないことかと思います。心して過ごされませ」

与志男：はい、とても厳しいお言葉ですが、しっかりと受け止め、やるべきことをできるように頑張りたいと存じます。私たちはどのような覚悟で、どのようなことを目指し、動いていけばよろしいのでしょう。

天照大御神「はい、それは大変難しく、神はこれまで何回となくお伝えしてまいりました。しかしながら人々は木を切り、水を汚し、空気は吸うと病が移る。そういう形にしております。人間は神々の言葉に耳を貸すこともなく、人々の快楽を求め生きやすくして、神の領域を壊してきました。わたくしも、このお伝えは大変心苦しく思いますが、人々にできる限り、苦しみを感じさせず、負の領域を閉じてまいりたいと思うのでございます。人々がこれまで培ってきた人生というものを省みて、それぞれが反省をし、促された者たちが少しの人間でも気づいてくれればと願うばかりでございます」

与志男：はい、少しでも多くの者に伝えたいと存じます。その気づきによって、大和民族が復興することは可能でしょうか？

天照大御神「はい、可能でございます」

与志男：まだ少数ですが、その目覚めた者たちにお言葉をいただくことはできますか？

天照大御神「その者たちに申し上げます。『人間というものは、すなわち魂の持つ意味をよく考え、神の子であるということに思いを馳せ、感謝をし、手を合わせ、手を繋ぎ、人々と共に生きていく覚悟を決めていただきたい。道を間違えず、間違える者には声をかけ、山や海を汚さず、足るを知り、余計なものは奪わず、有り難い、有り難いと生きていけば、きっと神様も目を閉じてくださると思います。真摯な気持ちで偏《かたよ》らず、決して驕《おご》らず高ぶらず、明日を思い、楽しく生きていただきたい』。それだけでございます。決して難しいことではなく、人間として本来の生き方を守っていけば、太陽は沈みません」

与志男：承知いたしました。少しでも多くの日本人が気づくように、大和民族であると自覚し、強い気持ちを持ちたいと思います。天照大御神様が、今の日本のためにご尽力していただいていることはどのようなことでしょう。

天照大御神「わたくしは、出雲の神とこの日本を見ております。すなわち天界のわたくしと、地上の神とが手を繋いだところでございます。世界も争いを止め、手を繋ぐ、それに従っていただくために常に見ております。天界と地、すなわち神が宿る社《やしろ》も空中から地上におり、また地上から天空に帰り、慌ただしくいたしております。人間もまた雛形を真似しておりますゆえ、今は慌ただしくしていることと思いますが、しばらくすると落ち着いてくることと思います。皆々さまの幸せを祈り、穏やかな日々を祈り、『すめらみこといやさか＊注2』と祈っております」

与志男：はい。今、出雲の神様とおっしゃりましたが、差し支えなければ出雲の神様とはどなたですか？

天照大御神「はい。お名前を申し上げるのも恥ずかしく思いますが、大国主命様です」

与志男：大国主命様ですね。

天照大御神「はい。とてもお優しい方でございます」

与志男：はい。今の日本の間違い、問題点について、天照大御神様はどのようにお考えでしょう。またそれをどのように正すとよろしいでしょう。

天照大御神「難問でございますね。これが数十年前ならば聞き届けてくださったものを、今の方々は欲にまみれ、わたくしどもの願いが届くとは思いませぬが、ですがやはり人を人と思い、親に感謝をし、お年寄りの方と手を携え、子どもには笑顔で接し、そういう毎日を願っております」

与志男：はい、ありがとうございます。これからの日本を守るために、また私たち日本人が少しでも神様のお手伝いをするために、何か心掛けるべきことはございますか？

天照大御神「はい、先ほど申し上げた通りでございます。魂を磨き、自然の環境を整え、少しでも皆さまのお役に立ち、感謝と笑顔の日々を、お一人お一人が大切に過ごしていただければ整うことと存じます。皆々さまのご健康をお祈りいたします。本日は誠にありがとうございます」

与志男：広くお伝えしますので、お守りくださいますようお願い申し上げます。

神々との対話を終えて

石橋マリア

天照大御神様は、太陽の神様として伊勢神宮の内宮にお祀りされている日本で最も貴い国家の最高神とされています。

天照大御神様はこれまでに幾度となくチャネリングをさせていただきました。いつも謙虚に澄み渡るようなお声でゆっくりと寄り添うようにお話しくださいます。

この日もそうでした。日本国を想い、憂いていらっしゃるお心遣いに「お応えしなければ！」と、毎回思うのです。

以前、聖母マリア様にも「慈愛と博愛」について、お答えいただいたので、参考までにその時のお詞《ことば》を掲載します。

慈愛というものは、もしかしたら、日本独特の考えかもしれません。慈しみ尊ぶことを重ねて教えられたものかもしれません。慈愛という言葉は、私の中にはありません。人々は人々の中で学び、教えを乞い、人々を愛するのです。あなたもそうなさい。永遠の魂を持って愛を繋ぎなさい。
博愛は、神に繋がる愛であります。博愛を持って、人々を見るのです。博愛を持って、人々と繋がるのです。

（チャネリング日／２０１２年10月２日）

日本人の慈愛は、聖母マリア様の慈愛（119ページ）とは違い、日本人の学びの中から独自に培われてきたものなのかもしれませんね。

〈神々の考えゆえ〉の決断

——解説：石橋与志男

「本来の日本のやるべきことをしてもらえぬならば、一掃するしかございません。〈神々の考えゆえ〉の決断でございます。〈人々の苦悩〉が苦しく思いますが、すべからく、この国を守りとうございます。大和の国を強うするためにもこれはいたし方ないことかと思います。心して過ごされませ」と、天照大御神様はおっしゃいました。この〈神々の考えゆえ〉の決断についてお話しします。本書では、イエス様をはじめルシファー様、聖母マリア様、日本の神々である猿田彦大神様、弘法大師様、そしてガネーシャ様も言葉は違いますが〈神々の考えゆえ〉の決断に触れています。

イエス様は「一匹の大きな獅子が降り立つことでしょう」と、ルシファー様は「それ以上は申し上げられません」と、猿田彦大神様は「神の計画を進めておるということじゃ」と、またガネーシャ様は「計画の中の一つ。神々の計画の中の一つだから」と。実は天上界の神様は神々同士が繋がっているのです。

では〈神々の考えゆえ〉の決断とはどういうことか？　これは地球の歴史を知らないと

理解できません。これまで地球上では何度となく陸と海がひっくり返っています。本来は闇が弱くなって、光が強くなると、ポンと陸と海がひっくり返る。

実はアトランティス大陸*注3やムー大陸*注4が浮上して、今の人類がまた消滅し、残った者でまた始めようというのが、2013年の予定でした。

神々は人間の運命を司《つかさど》っています。だからルシファー様は、「あなた方の心の中にこそ、闇がある。それを大切にするのか、光と手を繋ぐのか、よく考えるのは自分自身です」と、人々に伝えてほしいとおっしゃったのです。それを止めたかったら、「自分たちの欲を出さずにしなさい」と、そうでなかったら「天罰を下す」と言っているのです。

注釈一覧（天照大御神）

＊注1　**蕩々**：はてしなく広いさま。
＊注2　**すめらみこといやさか（天皇弥栄）**：「天皇の御代がいつまでも末永く、ますます平和に栄えますように」の意。新天皇即位の際などに、お祝いの言葉に使われる。
＊注3　**アトランティス大陸**：1万1000年前に大西洋に水没したとされる大陸。
＊注4　**ムー大陸**：太平洋の南中央部に存在し天変地異により水没したとされる大陸。現在のハワイ諸島やマリアナ諸島、イースター島など南太平洋上に点在する島々が陸続きになっていたという。

菊理媛神

くくりひめのかみ

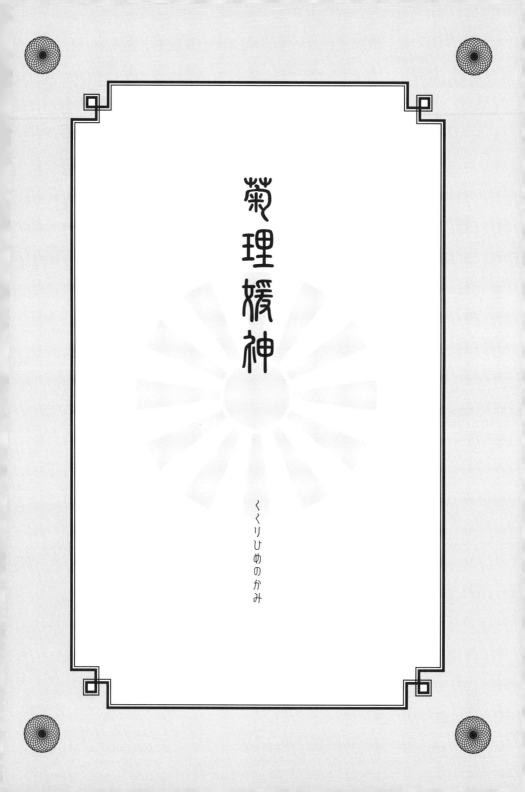

菊理媛神《くくりひめのかみ》

ここよりチャネリング

与志男：菊理媛神様、お越しいただきましてありがとうございます。菊理媛神様にいくつかお聞きいたします。日本の歴史書『日本書紀』の異伝（第十の一書）に、伊《イ》邪那岐《ザナギ》様＊注1が伊邪那美《イザナミ》様＊注2を黄泉の国＊注3へ迎えにいくお話があります。その際、葦原中国《あしはらのなかつくに》＊注4と黄泉の国との境にあるとされる黄泉平坂《よもつひらさか》＊注5に菊理媛神様がご登場いたします。

菊理媛神「懐かしいのぉー、懐かしいのぉー、『豊葦原《とよあしはら》の瑞穂の国＊注6』、この日本という国の、そのまた上にある『黄泉の国』、そのまた下にある『中津国《なかつくに》＊注7』。そのまた下にある『領空界《りょうくかい》＊注8』。『葦原中国《あしはらのなかつくに》』、そこは地獄＊注9と豊葦原の中間のところでなぁ。人々はそれを『霊界』と呼んだりなぁ、『あの世』と呼んだりなぁ、そこに携わる、まぁ物語であるなぁー」

与志男：ではこのお話は本当にあることとして……。

菊理媛神「あることとした方が、夢があろう。そのままでよろしいのではないか？　人々はわかろうとするのぉ。しかしなぁ、わからぬこともあった方がよかろう」

与志男：はい、おっしゃる通りです。またそのお話の中で、伊邪那美様と伊邪那岐様が喧嘩をした時、菊理媛神様がその争いを収められたとされております。

菊理媛神「うっふぉふぉふぉ、あの子らはなぁー、よく喧嘩をしたものぞ。その度になぁー、我は仲人《なこうど》をしておった。取り持ち役じゃのぉー。それがのぉ、今の人間の形よのぉー。仲の良い証拠」

与志男：仲の良い証拠ですか、菊理媛神様はどうやってその争いを収められたのですか？

菊理媛神「うっふぉふぉ、あのなぁ、たわいもないことで喧嘩をするのでなぁ、片方には片方の悪口を言うのじゃ。するとなぁ、『そこまで言わなくてもよいのではないか？』とわたくしに申してなぁ、それが夫婦というものじゃ。火種をつけるとなぁ、かばい合うのが夫婦でなぁー。まぁ、懐かしいことよのぉ」

与志男：心温まるお話をありがとうございます。光と闇の役割についてお聞きいたします。「人間は闇を嫌って、光を好み過ぎる」と、以前、菊理媛神様に教えていただきました。人間の心の中にある光と闇に、どう向き合い、どのように考え、付き合っていくべきかを教えてください。

菊理媛神「やはりなぁ、闇を嫌う者が多いのぉー。闇の中から生まれたものをのぉ、光あっての己の心の闇がわかるものおのぉ。これからはのぉー、闇を教えず光を求めることだけを教えよう。するとなぁ、闇が消えていくのぉ。それは心のことを申しておるのじゃぞ。光を求めんとするものは光が好きでのぉー。いくら『闇を好め』と言うても無理じゃのぉ。『光を好め好め、己の光を光を』と申せば、己の心を磨くことになるのぉ。それが好きなのが人間よのぉー。我もまた学んだぞ。闇が好きで、この闇の中に来るものは、なんと暗いものが多いことか、光を求めんとすれば、救われる者が多いということも学んでおるぞ。『闇を求めず光を求めよ』と伝えておくれ」

与志男：承知いたしました。私は闇を知ることが、心の成長にも繋がると感じております。

菊理媛神「そうじゃのぉ。素晴らしいことじゃのぉ」

与志男：恐れ入ります。ただ人間は、闇を愛することでどのような恩恵が得られるかも知る必要はございますよね。

菊理媛神「それはのぉ、闇の中から生まれたであろう。その闇を嫌うものは己を嫌う、生命力が弱るということぞ」

与志男：おっしゃる通りですね。菊理媛神様は、人と人との良縁を結ぶお力があるともお聞きしました。人との良縁を結ぶために必要なことを教えてください。

菊理媛神「それは人が作ったことでなぁ、伊邪那美神と伊邪那岐神の仲裁をしたことで、そう伝わったのであろう。人と人を繋ぐとのぉ、罪にもなるでのぉ、うっふぉふぉふぉ」

与志男：現在の菊理媛神様のお役目とは、どのようなことでしょう。

菊理媛神「宇宙におるぞぉ」

与志男：はい。

菊理媛神「宇宙におり、天之御中主神様の右大臣、左大臣*注10を従えての、人々の役に立つことをと願っておりますぞ」

与志男：そうでしたか、神上がり*注11をされたのですね。争うことについてお聞きします。現在も地球上で人間同士が争っておりますが、争いを鎮めるために、争う者同士が、気づかなくてはいけないことの真理とは何でしょう。

菊理媛神「親を大切にすることぞぉー。親から生まれたことに〈感謝〉をなぁー。すべて自分でやってきた、すべて自分の力が強い、自分の見栄を張り、『自分のことを、自分のことを』と思うから戦うのじゃぁぞぉ。『国を助ける』と言葉では言いながら、その心根は違うぞぉ、『己を己をじゃ！』。そういう輩がおるのぉー。連れて行こうのぉ、連れて行こうのぉー。学ばせようのぉー。姿を変え、品を変え、そういう輩がのぉー」

与志男：心根を正して、〈感謝〉を忘れないことですね。日本人が日本を守るために心得ておかなくてはいけない大切なことはどのようなことでしょう。

菊理媛神「そうよのぉー、日本人たるもの心根を優しく持ち、人々を大切にするという〈和〉を忘れるなよ。人々はこの大和の国に生まれて、また死んでいくのぞぉ。その中で大切な大和の国の掟を忘れるでないぞぉ。人々のことを思い描き、笑い合い、助け合い分かち合い、人々のことを思う、その素晴らしい心根が大和民族とのぉー」

与志男：大和民族には絶対不可欠な〈和〉の精神ですね。心に刻みます、ありがとうございます。これから日本の国を守るために神様たちのお役になれることがあれば教えてください。

菊理媛神「己は何をしたい？」

与志男：やはり人々を愛し、〈和〉のもとに調和し、日本を守りたいです。

菊理媛神「よし、わかった。己の胸に手を当てよ。己の心を鎮め調和を保てよ」

与志男：はい。

菊理媛神「この力、授けたぞ！」
与志男：ありがとうございます、一生懸命、お役に立てるように頑張ります。
菊理媛神「〈和〉を保つために生まれてきたであろう、忘れるでないぞぉ」
与志男：承知いたしました。菊理媛神様から日本人へ伝えたいことがございましたら、
先ほどのお教えとともに伝えたいと思います。
菊理媛神「人々は神社に手を合わす時に何を思うか？　欲であろう。なぜ世界の平和を祈らぬ？　宇宙の平和を祈らぬか？　己が立つ地球のことを祈らぬか？　〈感謝〉をすることを忘れ、手を合わせて後ろを向けば、笑い合える地球よのぉ。〈感謝〉が足りぬのぉ。手の合わせ方も忘れて、日本人たるもの、寂しいのぉー」
与志男：本当にそうですね。〈感謝〉の気持ち、〈和〉の気持ちを大和民族の心として、
もう一度、心に刻み直す必要がありますね。
菊理媛神「今日は呼んでいただき、ありがとう存じますぞ」
与志男：ありがとうございました。

神々との対話を終えて

石橋マリア

菊理媛神様のお詞《ことば》は、秩序と権威が感じられ、時には厳しく、時には穏やかに、そして高貴な華やかさを感じます。

チャネリングの場は圧倒的な存在感で満たされます。

「人間は闇を嫌うが、皆は闇から生まれたであろう」ことを思い出させてくださる神様です。

光あるところには闇が存在する。光が強ければ強いほど、闇も深い。二極は一つであることを教えてくださいます。私の中では菊理媛神様は「闇を司る神様なのだ」と思っています。

〈感謝〉とコロナ ―解説：石橋与志男

神々の多くがおっしゃるのが「〈感謝〉を忘れている、足りない」ということです。菊理媛神様も「〈感謝〉が足りぬのぉ。手の合わせ方も忘れて、日本人たるもの、寂しいのぉー」と嘆いていらっしゃいます。

コロナが流行したこの3年、私は数多くのクライエントの、コロナを施術し、改善してきたのですが、ある時、神様が「石橋殿、〈感謝〉を入れておあげなさい。感謝の気持ちがありませんと、後遺症が残るのですよ」とおっしゃる。それで気づいたことは、味覚障害の後遺症が残るのは、「味わって食べていないからだ」ということ。食事を美味しくいただくことは、とても楽しみなことですよね。味わって食事をすることが〈感謝〉です。それは食材を育ててくれた農家の方へ、そして神様へ〈感謝〉をすることでもあります。そして味わって食べる。とても自然なことです。

〈感謝〉は、人々が人々に頼ることで、〈感謝〉の気持ちが生まれるのです。相手に頼ることで、信頼関係が生まれ、結果、自然に相手への〈感謝〉の気持ちが湧いてくる。〈感謝〉

の気持ちを忘れている日本人が増えた要因は、家庭での教育に問題があるからだそうです。家庭での教育はとても大切です。

空海様は、「たった一つだけでもいい、感謝をすることを学ばせたい。親にも感謝をし、夫婦、子ども、隣人すべてに感謝をする。そしてこの世の中で尊いものは、〈命〉、〈言葉〉、この二つを上手に使い、人々に幸せを分けてあげなさい」とおっしゃっています。

今回のコロナで多くの人々が家庭で過ごすようになったのではありませんか？　そう、神々は人々を家庭に戻そうと考えている？　寄り道をせずに帰宅する父親、リモートワークで在宅勤務になった家族たち。私たちの生活は明らかにコロナ前とは一変しましたよね。神々は〈感謝〉を忘れている人々に学びの場を与えてくれたのです。家族同士が協力し合い、以前よりも絆が深まった家庭が増えたはずです。神々は、そんな学びの場を与えてくれたのかもしれませんね。

注釈一覧（菊理媛神）

＊注1　**伊邪那岐**：日本神話に登場する国産みの神。男神でイザナミの夫。
＊注2　**伊邪那美**：日本神話に登場する国産みの神。女神でイザナギの妻。
＊注3　**黄泉の国**：死者の世界。
＊注4　**葦原中国**：霊界のこと。豊葦原（現世）と地獄界の間にあるとされる世界。一般に流布する記紀の学術的解釈では葦原中国＝豊葦原中国（豊葦原）＝現世、日本国。
＊注5　**黄泉平坂**：日本神話で現世と黄泉の国との境にあるとされる坂。
＊注6　**豊葦原の瑞穂の国**：日本国の美称。神意によって稲が豊かに実り、栄える国の意。
＊注7　**中津国**：幽界のこと。一般には現世（日本国）。
＊注8　**領空界**：人間界と地獄界など、その境目にある世界のこと。
＊注9　**地獄**：霊界（死後の世界）のうち、悪行を重ねた者の霊魂が死後に罰を受けるとされる世界。
＊注10　**右大臣、左大臣**：高皇産霊《たかみむすび》神様と神皇産霊《かみむすび》神様のこと。
＊注11　**神上がり**：天上界での格が上がること。

猿田彦大神

さるたひこおおかみ

猿田彦大神《さるたひこおおかみ》

ここよりチャネリング

与志男：猿田彦大神様でいらっしゃいますか？　今、混沌とした時代を迎え、神様にいろいろなご意見をお聞きするためにお越しいただきました。道祖神＊注1の神様として知られております猿田彦大神様にお聞きします。現在は、どのようなお役目をされているのでしょう。

猿田彦大神「はい、まず道祖神と申すのは仮の姿でなぁ、道祖神と呼ばれておった頃は、まだこの国が混沌としておった時でもあり、また平和な国でもあった時で、わたくしは世界の平和のために道を開くことを大御神様から賜りまして、人々の心の中を見、その方々の願いを叶うべく道を開くことを生業《なりわい》とさせていただいております」

与志男：神々からは、今、日本人の心が変わってしまい残念だということを伺っています。猿田彦大神様は、今の日本人を見て、どのように思われていますか？

猿田彦大神「んーん、それよのー、それよのー。すべてとは言わぬが、決してすべてとは言わぬが、心根は変わってきておるぞ。戦い、道も知らず、たまに暴力を振るうかと思えば、相手のことを思わず、たじろぐこともせず、わかろうともせず、いかんのぉー。神と語らうこともせず、己、己と、己のことばかりを言い、いらぬものも喰らい、足ることに感謝もせず、これで良いと思うかー!。与えられたものを睦《むつ》ましく食べ、人々と分かち合い、人々と笑い合い、人が病めば心配をし、己が食べずとも人に食べさせ、それが大和民族のぉ。戻れよ、気づいた者から戻れよー。髪を染め、爪を染め、それも良かろうが、その心根が大事じゃぞぉー。世の中を変えようと思えば、まずは人の目を見よ。人の目を見て語れー。そうではなくなっておるなぁー。何がわかろうなぁー。人の苦しみがわかろうかのー。うーん、神は見ておるでのぉー」

与志男:はい。まずは心根を正さなければいけませんね。やはり日本人が大和魂を取り戻すためには、古くからの教え、大和民族の心、それを取り戻すことが大切ですね。

猿田彦大神「そうじゃ。まずはそれじゃなぁー。よくぞー、聞いてくれたのぉー! 我はのぉー、手を合わす者たちの心根を見て、『誰か気づく者がおらぬかのぉー』と思っておったのじゃー」

与志男：広く日本人の目を覚すためにお伝えさせていただきます。どうかお力添えをお願いいいたします。神がいらっしゃらない神社もあるとお聞きしました。それはどのような理由からなのでしょう。

猿田彦大神「んーん、待てよ、待て、待て。んーん、おらぬものもおるのぉー。神社というものは、水脈が流れておったものを、土地を崩し、屋敷を建て、水脈が崩れておる。ふぉー、これでは神も住めぬし、龍神＊2も稲荷＊注3も住めぬなぁー。人々を嫌って、天に昇る神もあれば、地深く身を沈めておる神もおるぞぉー。我はまた呼ばれてもおらぬのに行くのもなぁー。神に手を合わせることも少のうなったのぉー。呼ばれぬところに住むと思うか？」

与志男：いいえ。

猿田彦大神「何をしたいと思うておるか、答えよ」

与志男：これからの大和の国を守っていかないといけないと思っております。日本人は目を覚まし、混沌とした世の中でも世を導くような存在になっていくべきだと考えておりますが、政治もおかしくなり、救世主となる新しいリーダーが現れる気配もありません。そこで人々が手を繋ぎ合って調和しながら、大和の国を守っていくためにはどうしたらよいかという教えを請うているしだいです。

多くの神様からお知恵をお伝えいただくことで、一人でも多くの大和民族が本来の心を取り戻せることを願っております。

猿田彦大神「あい、わかった。我はのぉー、神と繋がっておるでなぁ、そのことを確かに伝えるでのぉー」

与志男：ありがとうございます。日本の存続のために新しい日本の体制を開いていくために、その道開きの神でいらっしゃいます猿田彦大神様に、是非、ご意見をお伺いしたいのです。

猿田彦大神「この世界を変えると申すか？　良き方になぁー」

与志男：はい。

猿田彦大神「あい、わかった。隠さねばならぬところは隠せよ。言葉を並べるだけでよいのではないぞ。人々に知らしめる、このことを忘れずになぁー。隠すべきところが多い。この日本の腐敗した暮らしをどう変えたいと思うた、一人一人の心根になぁー、そこに気づかぬといかんなぁー。だがしかし、人々は神が変わってきておるのをわかっておるかのぉー。願いがのぉー、叶うことも早うなっておるぞ。人々は、これを次元の上昇などと申しておるが、そうではない。神の計画を進めておるということじゃ。人々は大きく分けられて、篩《ふるい》にかけられ、残る者はもう決まっておるが、まだ決まっておらぬ者たちはこれからじゃ。心根を変え、家族を思い、亭主を思い、妻を思い、感謝をして過ごすことよのぉー。開くぞ、開くぞー、道を開くぞー」

与志男：恐れ入ります。

猿田彦大神「開くぞー、『（祝詞調で）この大和の国を、どうぞ神々の力をもちて、今宵、今宵と、神、集まりて、集まりて、この道を開きたまえー』。んんんん……よし、道は作った。励めよ、励めよ。よしよしよしよしよしよし」

与志男：道開きをしていただき、感謝いたします。自分の人生の道を開く時、何が重要であるかをお教えください。

猿田彦大神「親を思うことぞ。それしかなし！　親を思い、その先は神ぞぉー。神の子ぞぉー。まずは自分の親を思い、神を思うことじゃ。それしかなし！」

与志男：承知いたしました、神様が側で見守ってくださっておりますことに、本当に感謝しなければなりませんね。きちんと手を合わせ、心を込めて有り難いということを神様へお伝えすることが大事ですし、それをしなければ神様には届きませんね。皆々に必ず伝えたいと思います。また、誰もが経験する、人生の迷いについてお聞きします。人が人生に迷った時、何を指針に道を選ぶべきか、もしアドバイスがございましたらお教えください。

猿田彦大神「自分が持たされた魂を見つめることができぬ奴はのぉー、己の一番好きなことを始めるとよいぞぉー。やるか、やらぬかで悩むよりは、やってみることじゃー」

与志男：悩まずに自分の魂に聞いてみて、己を見つめ直して、楽しめることからやってみることが先決なのですね。

猿田彦大神「ただし、肉体を動かすこと。頭だけではならぬぞぉー。考えるに及ばず、肉体をもって、動かせ、動かせ、足りておらぬ者が多過ぎる」

与志男：人間に足りていないことで、いくつか気掛かりなことはございますか？

猿田彦大神「まずは、ふっふっふっふっふっふっふっふっ、指先だけで遊んでおろう。左手には何を持っておる？　座り、座り、座ってしか考えておらぬのぉー。指先だけで、動かぬ者が多いのぅぉー」

与志男：はい、確かにスマホを手放せない人が増えました。猿田彦大神様は天狗様ではないかというお話もございますが、やはり道を切り開くためには、動くということが必要でしょうか？

猿田彦大神「我は高千穂の峰を飛び回るが、天狗と呼ばれてもよし、猿田彦と呼ばれてもよし、天狗の部類とは、ちと違うがのぉー。天狗は我よりも軽いぞぉー。頭は良くない。天狗はのぉー、んー、言えぬなぁー」

与志男：はい。日本人の男性は男性らしく、女性は女性らしくと、多くの神様がおっしゃっております。日本の男性はどうあるべきでしょう。

猿田彦大神「種を残すためには、しっかりと群れを持たぬといかんのぉー、己を持たぬ奴はいかんのぉー。男たるもの、女子《おなご》を守らねばならぬ。そしてまた自分のことは堂々と話せねばならぬ。いく先々を見つめねばならぬ。戦える体にしておかねばならぬ。それがどうじゃ、このすべてが、今、女子であろう。この女子が強うなっておりますなぁー。男たるものしっかりと力を込めて、自身のやるべき道を踏み間違えず、進んで行くことよのぉー。動物的勘を働かせることよのぉー。『女子に負けるな！』と申したいのぉー」

与志男：承知いたしました、伝えさせていただきます。猿田彦大神様から、日本人に伝えておきたいこと、苦言でも構いません。何かございましたらお知らせください。

猿田彦大神「道開きの神である猿田彦、人々の道を閉ざすと終わりじゃぞおー。開き続けてもらいたくば、神に祈れよ、仏に祈れよ。自分だけだと思うなよ。朝日を拝み、夕陽に感謝をして、己の道を踏み間違えず、真っ直ぐと進むのじゃー。すべからくこの大和の国は泰平であろうぞぉー。よいかぁー、任せたぞぉー。よいかぁー、戻るぞー！」

与志男：有り難いお言葉をたくさんいただきました、ありがとうございました。

神々との対話を終えて

——石橋マリア

今回のチャネリングで、猿田彦大神様は「道祖神と申すのは仮の姿でなぁ、道祖神と呼ばれておった頃は、まだこの国が混沌としておった時で、また平和な国であった時で……」と話されております。

昭和の時代まで、道の辻には、日本中の道に石や石碑に「道祖神」として刻まれているものが多く見かけられました。それこそが「猿田彦大神様」です。

道開きの大神とされ、またの名を「猿田彦命《さるたひこのみこと》」とも言われています。

主人（石橋与志男）から見える猿田彦大神様は、天狗のようで、私たちがよく参拝させていただく宮崎県高千穂の神社では、杉の木々の間を身軽に飛び回っていらっしゃるそうです。

ただ、お顔の中心の鼻は大きいそうですが、天狗様のそれとは明らかに違うそうです。

猿田彦大神様のお詞《ことば》は厳しい時もありますが、その裏にある「父性の愛」を感じてください。

独特な風貌

――解説：石橋与志男

猿田彦大神様は、私たちの結婚や東京での施術院開業へご協力くださった神様です。最初に私が出会ったのは、家内と訪れた宮崎県の荒立神社《あらたてじんじゃ》へお詣りした時です。その風貌は髭が濃くてお鼻が横に広く、イスラム系のお顔立ちをしている方でした。頭には四角柱の帽子をかぶり、リュックのようなものを背負い、虚無僧《こむそう》*注4のような格好をしていらっしゃいました。イスラムの民族衣装を想像していただくとわかりやすいかもしれません。

猿田彦大神様は国津神*注5であり道開きの神様です。猿田彦大神様がご活躍された頃の日本は、現在の日本列島のような陸地は存在せず、今の九州の辺りに陸地があるのみで、そこは中津国と呼ばれていました。当時、中津国はアジア大陸と地続きで、地球は寒い時期でしたが、環太平洋は火山地帯で暖かく、米や魚などの自然の恵みが豊富で人々が集まってきたのです。

中津国へは、国津神を先祖に持つ人々が今のイスラエル、チベット、インド方面から渡ってきました。私たちの先祖でもある人々です。猿田彦大神様もそちらからいらっしゃいました。

その後、天界から来た天津神*注6を先祖に持つ人々が、エジプトやメソポタミア方面より中津国へやってきました。この天津神は別の星から来た神々です。

そのように人々が集まってきたのは、猿田彦大神様が道開きの神様だからでしょう。先導役として、人々を災難から守ってくれたのです。日本で言えば、道祖神や、地蔵菩薩《じぞうぼさつ》*注7と同一視される閻魔様*注8でもありますね。

注釈一覧（猿田彦大神）

*注1　**道祖神**：村境、峠などの路傍に、石碑や石像の形態で祀られる神。外来の疫病や悪霊を防ぐ神とされる。

*注2　**龍神**：雨・水などを司る神。

*注3　**稲荷**：五穀を司る食物の神・倉稲魂神《うかのみたまのかみ》のことで、稲に宿る神秘な霊と考えられている。

*注4　**虚無僧**：禅宗の一派である普化宗の僧のこと。

*注5　**国津神**：人間が住む地上の人間界にいる神のこと。

*注6　**天津神**：神様が住むとされる天界にいる神のこと。

*注7　**地蔵菩薩**：仏教の菩薩の一尊で、釈尊の入滅後、弥勒菩薩が成仏するまでの無仏時代の衆生救済を釈迦から委ねられたとされる。日本の民間信仰では、**道祖神**としての性格を持つ。

*注8　**閻魔様**：仏教の地獄、冥界の主。冥界の王として死者の生前の罪を裁く神とされる。

天宇受賣命

あまのうずめのみこと

天宇受賣命《あまのうずめのみこと》

ここよりチャネリング

与志男：天宇受賣命様、お越しいただきまして、ありがとうございます。神様にいろいろなご意見をお聞きしております。

天宇受賣命「『（祝詞調で歌い始める）♪いやぁーあーあーあーあーあー、いやぁーあー、いやぁーあー、いやぁーあー、いやぁーあー、いやぁーあー、いやぁーあー、いやぁーあーあー♪』。いよぉ、来られましたなぁ、うん、うん、うん」

与志男：よろしくお願いいたします。天宇受賣命様にお聞きいたします。日本の歴史書『古事記』の中に「天岩戸神話《あまいわとしんわ》」という物語がございます。それは天の岩戸に閉じこもってしまった天照大御神様を、天宇受賣命様が踊りで外に誘い出したというお話なのですが、その際に、勾玉《まがたま》＊注1の木を手に持ち、桶の上で、桶を踏み鳴らしながら踊ったという」

天宇受賣命「うぉっほほほほほほほ、いえいえいえいえ、うはっはははは－、そんなことになっておりましたか、はっはははははは。とんでもない。わたくしは女《おな》子《ご》ゆえ、そうそう、皆さまが、まぁ、そういう風に思っていただけるならば、それでもよろしくお願いしたいと思います。えぇー、そうでございましたね。はいはい、わたくしの生まれ育ったその国では、ウフフ、殿方の前で、はしたなくも踊りを踊らせていただいたということは、ウフフ、そりゃ少しはございましたが、どうぞ秘密にしてくださいね。わたくし本当に踊りが大好きで、殿方の神々の前で、この振袖を広げながら閉じながら、まぁ、踊りのようなしぐさはいたしましたよ、ウフフ。ですが、そんな、何ですか、何の上に？」

与志男：桶の上で……。

天宇受賣命「とんでもない、とんでもない、そんなことはございませんよ。わたくしがお願いをされて、そうそう、踊りをお願いされましたが、はしたない、はしたない、わたくしがいたしましたのは、この振袖の袖を『♪岩戸にーおられるーうー♪』。大御神様に『どうぞ、お出になってください』と歌いました。すると大御神様は大層わたくしの声が気に入ってくださいましてなぁ～。少ーし、えへへ、岩戸を、うふっ、そこで天手力男神様《あまのたぢからおのみこと》がのぅ、手を入れましてのぅ、『う～ん』と引っ張られたのでございます。大層、驚かれた大御神様は、その戸を閉じようとなさいましたが、そこをお力がのぅ……わたくしが歌いましたよ。『♪どうーぞ、どうぞ、どうぞ、出てこられてください♪』とお願いをいたしましたよ。『大御神様がそこにあそばせては、世の中が暗ぅなっておりますゆえ、どうぞ、どうぞ』と皆で懇願いたしました。大御神様は大層お嘆きになっておられましたが、わたくしたちの声を聞いてくださり、ご自身から、その隙間からそおーっとお出になりました。有り難いことでございました。大御神様は大層お怒りになっていらしましたが、わたくしたちのお願いを聞き入れてくださり、また世の中が明るーく明るーくなってまいりました。『♪いやいやいやーと、皆々揃うて有り難やぁーなぁー、有り難やぁーのぅ♪』と、男子《おのこ》、女子揃うて、酒《ささ》を酌み交わし、皆で大層喜んでおりました。わたくしはその側で、その宴をそうっと見て、『♪これは、これはと、喜ぶ者ーたちを見ておりーましーたぞぉ♪』

与志男：そうでしたか、桶の上では踊らなかったのですね。

天宇受賣命「滅相もない。そういうところに女子は立つものではございませぬ。わたくしが立ったところは、少ーし水が流れる小川の中、足を清めて大御神様にお願いをいたしました」

与志男：お清めのために小川の中へ、そこで踊られたのですね。先ほどの歴史書『古事記』には、天宇受賣命様が、瓊瓊杵尊《ににぎのみこと》様から猿田彦大神様を伊勢まで送るように命じられ、その時、大御神様から「猿田彦大神様の妻となり、猿田彦大神の祭祀にあたるように」と命じられ、それが縁で、お二人はご結婚したとお聞きしております。

天宇受賣命「はい、そうでございます」

与志男：伊勢の地でご結婚なされた。

天宇受賣命「わたくしどもには、結婚という言葉はございませぬ。共に支え合い、この領土を守らんがために、わたくしに命を受けさせていただきまして、猿田彦殿と夫婦《めおと》にならせていただきました。それは、かの高千穂の峰、そこに猿田彦殿がおわしましてなぁ、わたくしは命を受け、その場所に降ろさせていただきましてなぁ、そこでお話し合いをさせていただき、共に暮らすことになりました」

与志男：そうでしたか、貴重なお話をありがとうございます。現在のお役目についてお聞きいたします。天宇受賣命様は、どのようなお役目を任されているのでしょう。

天宇受賣命「『♪そうぉ〜おうぉー、それはのぅ♪』。皆が安心をして暮らせることを支える役目ぞぅ。猿田彦殿の陰でのぅ、支えることをさせていただいておりますぞぅ。猿田彦殿はのぅ、この世界を駆け巡り、人々の安寧を願って、人々の心を丸～くしようとなぁ～、日々、わたくしが伝えさせていただけるならば、お話をさせていただきますが、猿田彦殿はのぅ、皆さんの行く道を真っ直ぐに開いてくださるのぞ。日々、手を合わせ感謝をしてなぁ～。猿田彦殿はのぅ、実は若こうー若こうーで命を落とされたのぞぉー。それがのぉー、わたくしには辛うございました。ですがのぅ、それからの猿田彦殿はのぅ、神様の命を受け、猿田彦命となられましたのぞぉ。それからのご活躍は皆さまのご存知の通りかと思っております。わたくしはその猿田彦殿を支えながら、日々、生活を見ております」

与志男：立派なお役目をお持ちの猿田彦大神様と夫婦になりずっと支えてこられた。天宇受賣命様は、現在も猿田彦大神様と共に日本を見守っていただいているということですね。今も神社やお寺で、厳粛な儀式である神事や感謝や祈りを込めて神仏や祖先などを祀る祭事を執り行っております。そのような神事や祭事の大切さや、またその意味を教えてください。

天宇受賣命「まずはのぉ、『心を込めよ』と申しとうございます。神をなぁ、呼ぶ時は鳴り物を鳴らして、清々しい気持ちで皆、一つになり、祝いをするとなぁ、神様が降りてくださるのじゃ。それを合図に降りてくださるのじゃ。ただしのぉ、心がなき者がいくら騒いでも降りてはこられませんぞぉ。皆、一つに心をするということを学ばせるための神ごとぞぉ。わたくしどもに願いをと申されてもそれは無理じゃ。一人一人が正しい道を歩むために神ごとを行うのじゃぞぉ。わたくしどもが降りてこれるのは、そういった人々の心が真っ直ぐになった時ぞぉ。その大切さはわたくしたちを呼ぶということではなく、人々の心を魂を清くもたせるための神ごとぞぉ」

与志男：神ごとや祭りごとには、そのような大切な意味があったのですね、心を一つに保てるように心掛けます。神様に繋がる前に、鈴や太鼓で音を鳴らすことで邪気を祓ってくださる？

天宇受賣様「そうじゃ、神を呼ぶ、そのためのものでもあるなぁ。人間はのぉ、音は最後まで聞こえるのぞぉ。よしなにせいよのぉ」

与志男：お祭りは、もう本当に人々が喜んで、音を鳴らし、輪になって踊る盆踊りなどは、神様も一緒に喜んでくださって、良い祭りごとになるわけですね。

天宇受賣命「そうじゃ」

与志男：天宇受賣命様は、太鼓と笛と鼓《つづみ》、鈴でしたら、どの和楽器をお好みでしょう。

天宇受賣命「そうじゃのぉ、鈴が一番好きかのぉ。鼓も好きぞぉ。鼓は遥か彼方まで音が響くでのぉ。鈴はのぉ、悪いものを祓うということもあるでのぉ。女子のわたしが鈴を鳴らすのは、そのためでもあるでなぁ」

与志男：神様はいつも持ち物を一つ持っているそうですが、天宇受賣命様はいつも鈴をお持ちですか？

天宇受賣命「うん、そうじゃのう。鈴と扇子は持っておるぞぉ。扇子も人々に大宝《たいほう》*注2を与えるのじゃ。豊かな富じゃ。鈴は人々から悪いものを祓うのぉ。この二つはいつも身に着けておりますぞぉ」

与志男：鈴はお祓い棒と同じ効果があるのですか？

天宇受賣命「おぉー、そうよ、そうよのぉー、確かにのぉ」

与志男：猿田彦大神様が持っていらっしゃる、笏《しゃく》*注3はどのように使われるのですか？

天宇受賣命「おう、笏か？　あれはのぅ、お前にも持たされたであろう」

与志男：はい。

天宇受賣命「あれはのぅ、己の心をそこに込めて己の心を律する時に使うものじゃ。ただ笏はのぅ、角があるのぉ、角がないように持っていくのが人間の学びぞぉ。清まれ清まれ、めでたいのぅ」

与志男：勉強になりました、ありがとうございます。歌は邪気を祓い、喜びを表現する踊りは、ものすごくエネルギーを高めるものですね。歌や踊りにより、人々にどのようなエネルギー効果が得られるのか、その秘密を教えてください。

天宇受賣命「おうおう、人は生まれてくる時にのぉ、『おぎゃー』と歌って生まれるのぉ。手足をどうする？　どうじゃ、これがのぉ、人の歌と踊りぞぉー！　よいか、『♪人のぉー、命は～あ～♪』、尊いものよのー。人は歌って踊るとのぉ、皆が笑顔になるであろうがぁ。邪気というものは人が作ったもの、呼んだもの。それを忘れて歌うがよかろう、踊るがよかろうのぉ。『♪わかるかぁー、わかれよぉー♪』」

与志男：素晴らしい歌声をありがとうございます。歌と踊りというものは、神と繋がるためエネルギーの使い方でもあるのですね。

天宇受賣命「そうじゃのぉ。間違って使う者もおるがのぉ」

与志男：間違った使い方というのは、狂ったようにとか、エネルギーの良い使い方をしていないということですか？

天宇受賣命「うんうん」

与志男：音楽のジャンルで、頭を振り回し歌うヘビーメタルというのがあります。あれを聴きながらエネルギーを注入する人もおりますが。

天宇受賣命「わかるであろう、聞くに及ばぬ」

与志男：はい。やはり狂気に近いエネルギーは、喜びのために使う軽いエネルギーとは違うのですね。

天宇受賣命「そうじゃ、そうじゃ。自分の細胞がのぉ、壊れてしまうのぉ。細胞はのぉ、水ぞぉ。水が清ければよいがのぉ」

与志男：エネルギーの使い方がよく理解できました。四季折々、今も伝統的なお祭りが日本各地で催されます。人々は歌ったり踊ったりし、みんなで楽しんでおります。この陽気で明るい日本人の気質の始まりは、天宇受賣命様にあるのではと感じております。そのような日本人の気質についてお聞かせください。

天宇受賣命「この大和の国はのぉ、わたくしのような者ばかりではなく、ご存知か？　イスラエルと申すところがあるなぁ、ユダヤ人という者がおってなぁ、その血も混ざっておるでなぁ〜、そこでなぁ、暮らしておった人々がおってなぁ、そこでなぁ、歌を歌い、地面を叩き、そして子をもうけておったぞぉ。そしてなぁ、大和の国というものを作ったのぉ。大和の国はのぉ、決して他から入ってこさせてはならぬものが多いぞぉ。いいかぁ、皆々聞けよ、皆々聞けよ。花が咲く頃には人々も咲く、花が散る頃には人々も散る。その間の一瞬の魂を大切にするのじゃぞぉ。大和の国の人々はのぉ、実を結ぶことを知っておるぞぉ。ところがどうじゃ、他所の国を見てみよ。実を結ぶことを知らぬ者が多い。そしてなぁ、人々の生活を見てごらん。歌い、騒ぎ、そして我を忘れて人々の笑顔を見てごらん。『♪そこがぁ～、そこがぁ～♪』。人たるものの喜びぞぉ」

与志男：実を結ぶことを知っているのが大和民族ですね。大和民族とユダヤ民族とは関係があった？

天宇受賣命「昔々のぉ、その大陸を渡ってきておったものじゃ。それは神々が生まれてから、ずーっと後のこと。大和民族はのぉ、大層親切でのぉ、疲れ切ったユダヤ民族を受け入れたのぞぉ。そこから先は申せませぬ」

与志男：遠い昔にそのようなことがあったのですね。猿田彦大神様もユダヤの血を受け継がれているのでしょうか。

天宇受賣命「いえいえ、それはございませぬ。皆の者、ありがとうございました」

与志男：ありがとうございました。

神々との対話を終えて

石橋マリア

天宇受賣命様は瓊瓊杵尊《ににぎのみこと》様より天界から地上に降り地上で待ち構えている猿田彦大神様に交渉する役目を仰せつかりました。後にそのご縁でお二人はご結婚なさいます。
天津神《あまつかみ》＊注4の天宇受賣命様と国津神《くにつかみ》＊注5の猿田彦大神様の結婚は、人間界で言うところの国際結婚の始まりかもしれませんね。

天宇受賣命様は私の御守護神様です。私事ですが、記憶の中ではアパート住まいの小学生の頃、自宅のトイレに入ると必ず歌謡曲を3曲歌い、そのすぐ前にあるバス停でバスを待つ人たちから拍手を頂くということや、盆踊りの頃になると近辺の盆踊り会場をハシゴして回るくらい盆踊りが大好きでした。そんなことから、幼い頃から天宇受賣命様からご守護いただいていたのかもしれません。

私のチャネリングでの天宇受賣命様がお出ましになられる時は薄いガラス窓ならビリビリと振動させてしまうほどの大きな声でなんともゆっくりとお謡《うた》いになられながらお話しされます。しかも一息が長く、「いつ息を吸うのだろう?」と自分のことながら心配になるほどです。母親のようで、大好きな神様です。

今日の私があるのは、天宇受賣命様のおかげと言っても過言ではありません。何もわからない私に「愛を伝えよ」と言ってくださったこと、主人（石橋与志男）とのご縁を繋いでくださったこと、猿田彦大神様とご一緒に「神泉清流伝女《しんせんせいりゅうでんじょ》」というお名前をくださったこと。その他、いろいろな教えをいただいています。太っ腹で好奇心旺盛。優しく穏やかな神様です。

芸術に優れた神

解説：石橋与志男

天宇受賣命様は家内（石橋マリア）の守護神です。ご存知のように『天岩戸神話』で天照大御神様がお隠れになった時に岩戸の前で、天宇受賣命様が舞踊を踊られたことで知られています。夫である猿田彦大神様は、国津神でしたが、天宇受賣命様は、ヨーロッパの方から来られた天津神ですね。

私から認識できる天宇受賣命様は、年齢は25〜26歳ぐらいで、古代ギリシャの白い服をお召しになっている。歌が上手で、芸術にとても優れたしっかりされた方です。ローマ神話のヴィーナス＊注6やギリシャ神話のアフロディーテ＊注7に近いですね。

注釈一覧（天宇受賣命）

＊注1　**勾玉**：先史・古代の日本における装身具。祭祀に用いられた。
＊注2　**大宝**：非常に貴い宝。重宝。至宝。
＊注3　**笏**：儀式の際、備忘のため式次第を書いた紙を笏の裏に貼り、右手に持って使用した。
＊注4　**天津神**：神様が住むとされる天界にいる神のこと。
＊注5　**国津神**：人間が住む地上の人間界にいる神のこと。
＊注6　**ヴィーナス**：ローマ神話の愛と美の女神。
＊注7　**アフロディーテ**：ギリシャ神話の愛と美と性を司る女神。

瀬織律姫

せおりつひめ

瀬織津姫《せおりつひめ》

ここよりチャネリング

与志男：瀬織津姫様でいらっしゃいますか？　お越しいただきましてありがとうございます。日本の歴史書には瀬織津姫様のお名前はございませんが、伊勢神宮 別宮・荒祭宮《あらまつりのみや》＊注1に天照大御神様の荒御魂《あらみたま》＊注2として祀られております。

瀬織津姫「それはのぉ、わたくしにとっては非常に悩ましいところでございます。わたくしは大御神様の荒御魂ではございません。わたくしは皆々さまの悩みをすべて流していくという役目に携わっております。大御神様におかれましては、わたくしのような者を同じ所に祀っていただき、誠に有り難きことにございます。が、わたくしはわたくしのお役目を全うしたいと思っております。わたくしは皆々さまの悩みや病や苦しみ、すべての悪を流すという役目に携わっております」

与志男：大御神様の荒御魂ではないのですね。神道の延喜式《えんぎしき》＊注3に用いられる大祓詞《おおはらえのことば》＊注4の中に祓戸四神《はらいどよんしん》＊注5が登場いたしますが、その中のお一人でしょうか？

瀬織津姫「はい」

与志男：特に悪霊をお祓いするとお聞きしましたが、よろしいでしょうか？

瀬織津姫「悪霊を流すことも時にはございますが、わたくしは荒ぶる神を流すことはできませぬ。女子《おなご》の心をもって流すのでございますゆえ、悪心強気ものは流せませぬ。そこで残りの三神や、宗像《むなかた》におわしまする三神＊注6の方にお願いをいたしたりしております」

与志男：そうしましたらそれぞれにお役目があってお祓いをしているということですね。他の祓戸四神様のお役目についてお聞きします。速開都比売《はやあきつひめ》様は、瀬織津姫様の流されたものを「河口や海の底で待ち構えていて飲み込む」、気吹戸主《いぶきどぬし》様は、「速開都比売《はやあきつひめ》神様が飲み込んだのを確認して根の国・底の国に息吹を放つ」、速佐《はやさ》須良比売《すらひめ》は、「根の国・底の国に持ち込まれたものをさすらって失う」と。そのように連携して祓われるとお聞きしております。

瀬織津姫「人々の悩みや苦しみというものを指しております。例えて申しております。川の流れに沿って、その苦しみが流れ流れて大海に行き、その苦しみが大海原まで届く模様を指しております。わたくしの名前の分身たちと、思っていただければと思います。すべては一つですが、わたくしたちの四神は、それぞれの役目があり、包み込む者、飲み込む者、祓う者、そして持って、持ち運びわからなくする者、これ一つ、わたくしの分身と思っていただければと思っております。人々の悩み苦しみを祓い、捨て去ることが大祓の祝詞の意味でございます。詳しく例えてございます」

与志男：祓戸四神様とは、瀬織津姫様の分身であり、四神で一つなのですね。現在の新型コロナについては、どのようにお考えでしょう。

瀬織津姫「はい。わたくしどもの悩みはそこでございまして、それを流離《さすら》って流す場所がございません。皆々さまはご存知かと思いますが、この病というものは、人間が人間を苦しめるために作り出されたものでございます。その苦しみを捨て去るものが多過ぎるということもありますが、これを大海に放つには、その大海が清いままでなければなりません。この大海へ捨て、この大海に飲み込まれることもなく、この病が大海に浮いておると思ってくださいませ。なかなか、皆々さまの温情だけでは、大海へ持っていけぬ辛さもございます。その病を欲しておる者が多く、そしてこの病を気にする者も多く、わたくしに甘えてくれる者も少なく、この病を海まで持ち運ぶことができないというところもございます」

与志男：そうでしたか、やはりコロナは人間が人間を苦しめるために作り出されたものなのですね。瀬織津姫様は川の神様、水の神様とも言われておりますが、水について伺いたいことがございます。

瀬織津姫「はい」

与志男：日本の水資源の今後についてお聞きします。近い将来、水不足が起こるかもしれません。どのように日本の水資源を守っていくべきでしょう。

瀬織津姫「水を大切になさるには、森の木々を大切になさいませ。すべて一つでございますゆえ、水が欲しければ山の上におります木々をご活用くださいませ。雨が降り、地下の水になり、その水を吸い木々は大きくなり、また空気を出して人々が過ごしやすくもしてくれます。この木々から露が落ち、また芽が出、水に戻る、循環でございます」

与志男：はい、自然界はすべてが循環しているということですね。では現在、瀬織津姫様は、どのようなお役目を任されていますか？

瀬織津姫「はい、先に申しました通り、人々の悪心、悩み、すべて流しております。昨今はそれが増え、わたくしも悩むところでございます。人々こそ、己の力で生きてほしいと願っております」

与志男：瀬織津姫様は、悩みを流すお役目をされているということですが、人間は理由があって多くの悩みを抱えております。悩まぬように生きるということも大切ではと存じます。

瀬織津姫「はい。ところが人は考えるものでございます。考えてこその人々でもあろうかと思います。『人々よ、悩むな』と申しましても、そうなりますと、わたくしの仕事もなくなりますゆえ、可愛い子どもらの悩みを流し、また明日の力を与え、『すべからく生きてほしい』と願っております」

与志男：有り難いお言葉に感謝いたします。瀬織津姫様にお聞きします。やはり邪を清めるために、例えば、温泉に浸かったり、浄めの水を飲んだり、体を洗ったりすることは、効果のあることでしょうか？

瀬織津姫「はい、そうでございます。ただ、そこで感謝をお願いいたします」

与志男：はい、瀬織津姫様のおっしゃるように、感謝の気持ちで、邪を清めることに努めます。水の神様であられる瀬織津姫様は、龍神様*注7との繋がりもお持ちでいらっしゃいますか？

瀬織津姫「いえ、わたくしは水の神ではございません。わたくしは水に流すということはいたしますが、水の神ではございません」

与志男：それは大変失礼いたしました。

瀬織津姫「水の神様は別におわしますゆえ、またわたくしは龍神とはご縁が浅く……」

与志男：水の神様とはどなたでしょう。

瀬織津姫「はい。大海原の神様は豊玉姫様《とよたまひめ》*注8でございますが、水の神様というものは、世界広いところ、それぞれにおわしますゆえ、この方と申し上げることはできません。わたくしども携わる場所では、それぞれに水脈というものがあり、目に見える水の流れ、目に見えぬ水脈という閉じ込められた場所の流れ、それぞれに龍神や稲荷*注9や精霊*注10や神々が守っているところがあり、それを一人一人、神様とまとめ上げることはできません。それぞれの役割によって、その水を使う人々が、その水の流れに感謝をして手を合わせ、日々、暮らすことが大切かと思います」

与志男：そうでしたか、水の神様とは、その携わる場所の違いで、それぞれにいろんな方が守っていらっしゃるのですね。瀬織津姫様は、菊理媛神様とご一緒にお役目をされることもございますか？

瀬織津姫「いいえ、とんでもございません。あの方は遥か彼方の方でございます」

与志男：それは失礼いたしました。

瀬織津姫「誠にありがとうございました」

与志男：ありがとうございました。

神々との対話を終えて

―石橋マリア

瀬織津姫様はおとなしいお声でお話しなさいます。謙虚な女神様です。人間の悪意をも水に流して大海まで運んでくださる、母親の慈愛を感じます。

人間が作り出した悪想念や悪意、はたまた罪までも流してくださる有り難い存在なのですが、私たち人間は少しでも瀬織津姫様にご負担をかけないように生きていきたいものですね。

水の神・龍神様とは？

――解説：石橋与志男

瀬織津姫様は、14～15年前に福岡県の太宰府天満宮を参拝した帰り道にお会いしました。外見は18歳ぐらいの方で、きれいな白い和服をお召しになっていました。結構、髪は長くて背中ぐらいまでありましたね。

日本書紀に記されているように、伊邪那岐様が、黄泉の穢れから身を清めるために、竺紫《つくし》の日向《ひむか》の橘の小門《をど》の阿波岐原《あはきはら》で禊《みそぎ》＊注11を行った際に多くの神様が誕生し、瀬織津姫様も、いわゆる祓戸四神もこの時に生まれました。

瀬織津姫様は、「すべては一つですが、わたくしたちの四神は、それぞれの役目があり、包み込む者、飲み込む者、祓う者、そして持って、持ち運びわからなくする者、これ一つ、わたくしの分身と思っていただければと思っております」とおっしゃっておられました。

簡単に説明すると、川の瀬にいる瀬織津姫様が私たちの病気、思い方などの「罪や穢れ」を川から海へ持っていかれ、そして海にいる速開都比売様がそれを飲み込まれる。さらに気吹戸主様が風を起こし、海の底まで持っていき、海の底にいらっしゃる速佐須良比売が、その「罪や穢れ」をさらって浄化するということです。四神が連携してお祓いをするので分身だとおっしゃったわけです。

夏の行事の灯籠流しは、お盆に戻ってきた死者の魂を現世から再びあの世へと、海や川に灯籠を流し送り出す行事です。それは川と海の間に「三途の川」があるからなのですが、瀬織津姫様が「罪や穢れ」を川から海へとお流しし、お祓いをするのもそのためです。

私たちは参拝する時、手を洗いお清めをしますが、瀬織津姫様は「お清めの神様」と考えるとわかりやすいでしょう。

ここからはちょっとスピリチュアルなお話になります。瀬織津姫様は「わたくしは水に流すということはいたしますが、水の神ではございません」とおっしゃいました。

では、水の神とはどのような神なのでしょう? 水神様、龍神様とも言います。私の認識では、日常の至るところに龍神様は存在しています。龍神様の大きさは、通常は30センチから1メートルぐらいですが、大きな川では5~6メートルぐらいに、山では14~15メートルぐらいに、海では30~50メートルぐらいの大きな龍神様がいらっしゃいます。

龍神様の形は「水気」や「朝靄」みたいな感じです。「水気」というのは揺らぐでしょう、そんな感じに見えます。例えば、私たちの魂には尻尾がついているのですが、私たちが死ぬ時に魂が抜けます。その尻尾がついた魂が揺らぐ感じに似ています。

龍神様は変化しやすい体質で、亀と統合すると「玄武*注12」になり、火と統合すると「朱雀*注13」になり、獅子と統合すると「白虎*注14」になります。

私たちの体も、動植物も流体です。地球は水の惑星で表面積の75%が水です。水の束のようなものです。生命は、無機質*注15な元素がいろいろと集まって有機質*注16へと変化し、生命体となりました。その生命を作っているのが海であり水です。結局のところ、水がすべての「生命の源」ということですね。

注釈一覧（瀬織津姫）

＊注1　**荒祭宮**：荒御魂を祀る宮のこと。

＊注2　**荒御魂**：神の荒々しい魂のこと。神の霊魂には、荒御魂と和御魂の二つの側面がある。

＊注3　**延喜式**：律・令・格《きゃく》を運用するために必要になる細かな規則（式）をまとめた法典。律は犯罪を罰する刑法、令はそれ以外の法律、格は、律・令の不備を改め補うため、臨時に出された勅令や官符のこと。延喜5（905）年に、醍醐天皇の命令によって編集を開始したとされる。

＊注4　**大祓詞**：神道の祭祀に用いられる祝詞の一つ。典型は延喜式巻八に「六月晦大祓」という題名がある。

＊注5　**祓戸四神（祓戸大神）**：『延喜式』巻八の「六月晦大祓の祝詞」に記されている瀬織津比売、速開都比売《はやあきつひめ》、気吹戸主《いぶきどぬし》、速佐須良比売《はやさすらひめ》の四神のこと。

＊注6　**宗像におわしまする三神**：天照大御神と須佐之男命の誓約により誕生した市杵島姫命《いちきしまひめのみこと》、田心姫命《たごりひめのみこと》、湍津姫命《たぎつひめのみこと》の宗像三女神のこと。

＊注7　**龍神**：雨・水などを司る神。

＊注8　**豊玉姫**：日本神話に登場する女神。海神・豊玉彦命（綿津見大神）の娘で、神武天皇（初代天皇）の父方の祖母、母方の伯母として知られる。

＊注9　**稲荷**：五穀を司る食物の神・倉稲魂神《うかのみたまのかみ》のことで、稲に宿る神秘な霊と考えられている。

＊注10　**精霊**：草木、動物、人、無生物、人工物など、それぞれに宿るとされる超自然的な存在。

＊注11　**禊**：水浴して身体を清める宗教儀礼。神道の「禊祓」は、身心の罪や穢れを水で洗い清めて浄化させること。

＊注12　**玄武**：中国の伝説上の北方を守護する神獣。

＊注13　**朱雀**：中国の伝説上の南方を守護する神獣。

＊注14　**白虎**：中国の伝説上の西方を守護する神獣。

＊注15　**無機質**：カルシウム、マグネシウム、ナトリウム、燐、硫黄、鉄など炭素を含まない物質。

＊注16　**有機質**：砂糖、デンプン、メタノールなど炭素を含む物質。

第二章

海外の神々からのメッセージ

イエス・キリスト

イエス・キリスト

……ここよりチャネリング……

与志男：ナザレのイエス様、お越しいただきありがとうございます。いくつかお伺いしたいことがございます。

イエス「はい」

与志男：イエス様は日本へ二度いらしていて、一度目は16歳から18歳の頃、九州へ。二度目は40歳頃に青森にいらしたとお聞きしました。日本へいらした目的とはどのようなことだったのでしょう。

イエス「私は年齢を覚えていない。ただ、二度来ています。一度目は人の手を離れ、生きていくため。二度目はこの日本という国が素晴らしい国であるという思いをもっていました。わたくしの弟であるイスキリ*注1が、わたくしの手を離れ神に召され、わたくしを日本の地に送り出してくれました。その時にわたくしは、今の青森と一緒のところに来て、長きにわたり住み、そして人々からいろいろな愛をいただきました。わたくしもまた人々に愛を伝えさせていただきました」

与志男：青森というのは戸来村《へらいむら》（現・新郷村《しんごうむら》）というところでございましょうか？
イエス「はい」
与志男：では、その戸来村で沢口家の方と結ばれ、お子さんを授かったとお聞きしました。
イエス「はい」
与志男：その村で生まれた子には、六芒星《ろくぼうせい》の印があったともお聞きしました。
イエス「いいえ」
与志男：六芒星の印というのは違うのですね。現在、戸来村には、イエス様と弟のイスキリ様のお墓がございます。イエス様はこの村で亡くなられたのですか？
イエス「はい」
与志男：現在の戸来村にあるお墓にお眠りになっている。
イエス「いいえ」
与志男：それは事実ではない？　そうしましたらイエス様がお眠りになっているお墓は、今もどちらかに現存しておりますか？
イエス「青森の十和田湖の湖の底。決して人目にはつかない」
与志男：十和田湖の湖底に眠られているのですね。ではお子様は何人お授かりでしょう。
イエス「3名。男、女、女」

与志男：その3人のお子様たちの子孫は、現在も日本で暮らしている。
イエス「いないようです」
与志男：では日本ではなく国外にいらっしゃるのですね。
イエス「あー、見えないので、途絶えたのかと思います」
与志男：そうでしたか、それはとても残念ですね。イエス様が青森でお亡くなりになられたのはいつ頃でしょう。
イエス「年はわかりませんが、わたくしは長生きをしています。103歳か106歳くらいまで」
与志男：それはとても長寿でしたね。戸来村に話を戻しますが、「ナニヤドヤラー、ナニヤドナサレノ」という節回しの祭唄が伝えられております。
イエス「そう、すべて私が教えました。『父である神を讃えよ、母であるマリアを讃えよ』。そういう意味です」
与志男：その祭唄の歌詞は、神様とマリア様を讃える内容だったのですね。戸来村では、子どもを初めて野外に出す時や足がしびれた時に、額に墨で十字を描くそうです。またダビデの星を代々家紋とする家もあると聞きました。ダビデの星はユダヤ人を象徴する印です、日本とイスラエル、またはユダヤ人との関係について、ご存知のことがございましたら、教えていただけますか？

イエス「そもそもわたくしがユダヤ。ユダヤである以上、日本人との血の繋がりは昔からあります。墨の話はわからない。多分、わたくしのことを偲んで村の人たちがしたのではないかと思います。わたくしは日本で神仏について学びました。大変、感動的なことでした。わたくしは人々に混じり、水を汲みに行き、火を焚き、歌を歌い、また人の病を治すこともありました。人々はわたくしのことを天狗と呼び、文えてくれました。それはわたくしの鼻が高く、顔が赤くなることからだと思います。人々に愛されました、わたくしも人々を愛しました」

与志男：そうでしたか、村人に天狗と呼ばれていた。村人を愛し愛されたイエス様は、日本で神仏について学ばれたのですね。マグダラのマリア様＊注2についてお聞きします。マグダラのマリア様は、どちらまでご一緒だったのでしょう。

イエス「日本」

与志男：マグダラのマリア様も日本へ来られた？　ではなぜ日本の方と結婚されたのでしょう。

イエス「別々に来ました。後を追い。私より早く天に召されました。それはわたくしにも止めることはできなかった」

与志男：それで青森にマグダラのマリア様の感覚があるのですね、理解いたしました。日本にイエス様がいらした時、天《あま》の浮き船で来たともお聞きしています。天の浮き船とは、どのようなものなのでしょう。

イエス「白き石でできた空を飛ぶもので、人々を乗せ運ぶ道具です」

与志男：現在、地球では未確認飛行物体をＵＦＯと呼んでいます。

イエス「風を利用し、火を焚き、飛んでまいりました。重力を感じさせないものです。それはそこまでしか話せません。乗っていた者についても話せない」

与志男：承知いたしました。ナザレのイエス様の現在のお役目というのは、どのようなことでしょう。差し支えなければ教えてください。

イエス「今、しばらく待て……」

与志男：はい。

イエス「地球にいて、今は自分の場所へ戻った。今はこの場所で人々を見定め、人々に起こるべきことを伝え、人々の役に立つ者たちを学ばせるために、またこの者たちを人間界に送り込むために、他の神と教育的なことをしています。人々の魂の成り立ちを学び、人々の生まれ変わりを創生しています」

与志男：それが現在のお役目、創生する魂の教育係ですね。今、世界では疫病や天変地異、また食糧危機、戦争など、人類を脅かす事象がいろいろ起きております。

イエス「すべて今までのことを話させていただく。これまでに人類というものがいかに自分のことしか考えてこなかったかということに過ぎない。わたくしがあの丘で話したことをもう一度考えなさい。人々よ、我を思ってはいけない。人々よ、人々よ、我を、我をと思ってはいけない。すべて天からのものである。個人の胸に手を当てて自分の一番大切なものを考えなさい。親であろう。お前の親は誰か？神であろう」

与志男：あの丘というのはゴルゴタの丘＊注3ですね。

イエス「神に感謝をしなさい。人々よ、家族を大切になさい。すべてはそこから。家族に愛をもてば戦いは起こらない。ただし、蓄えなさい。山がいつまでもそこにあると思ってはいけません。海を愛しなさい。海は生命の源。汚すのはいけない。海底のものが怒る。人々よ、蓄えなさい。愛をもって人々と分かち合えるぐらいの物を蓄えなさい。明日が来ます。感謝をして過ごすのです。今日を大切に！」

与志男：今、イエス様がおっしゃった「あの丘で話したこと」、それを知らない人たちに学びを伝えるために、どのようなお話だったと、解釈したらよろしいでしょう。

イエス「はい。あの丘で話したことを話す。人々に満ち足りた心を与えた。人々は食べ物もなく、水を飲むこともなく、その足で山を登り、川を探し、水を汲み、人々に与えた。『すべてに感謝しなさい。今だけではない未来永劫続く魂に感謝をしなさい。そして人々よ、手を差し伸べなさい。私にではない、神、またはあなたの大切な家族、人々よ、愛を知りなさい。人々よ、分かち合いなさい。人々よ、私を信じなさい』と話しました」

与志男：ありがとうございます、日々すべてに感謝をし、愛について理解し分かち合い、神を信じるのですね。恐れや祈りなど、人々の集合意識は、地球にどのような影響を与えますでしょう。

イエス「すべて陰に変わります。人々が恐れるとそれが道になり、世界を作る。喜びを分かち合うとそれが道を作り、人々に幸せをもたらす。恐れない、恐れない、分かち合う。いみじくもあなた方の魂は、まだ恐れが入っています。この恐れを手放しなさい。自分を信じ、神を信じるのです。余計なことは考えなくてよい」

与志男：はい、地球存続のために人々がすべきことは、愛をもって信じ、家族を愛して、隣人を愛し、親を愛し、そして恐れを捨てることですね。

イエス「そうです。動植物も愛しなさい。すべて一つ、横に一列、右も左もない。すべて一つ」

与志男：承知いたしました。人間はエネルギー資源の奪い合いで度々戦争を起こしてきました。ガスや石油や電気に代わる代替エネルギーとして、今後、フリーエネルギーのような新しいエネルギーが出現する可能性はありますか？

イエス「はい、あります」

与志男：それはどのような形で発見されますか？　またそれはいつ頃でしょう。

イエス「はい。いつ頃かはわかりません。ただし、全く違うエネルギーがもうあるのですが人間の欲で閉ざしてある。それを導くためには世界が変わる、世界が変わるということは、あなた方の立っている場所も変わるということです。『人々に愛を！』と叫ぶと、あなた方の足元が危なくなる、これが人間の生活です。しかし、叫ばなければいけない。もう叫ばなければいけません」

与志男：それによって肉体が消失するようなことが起きるとしてもでしょうか？

イエス「はい。肉体は消失しても魂は残ります。繋ぎます」

与志男：それではイエス様は、今どのようなことを一番心配されておりますか？

イエス「私に不安はありません」

与志男：教えていただいたお導きを私たちが今から実践することが大切ですね。

イエス「実践が一番大切です。口ではない。以前から言っています、実践することです。

大いなる存在に感謝をしてください。人々に伝えてください。『愛は人々の中にあります。それを神は見ていらっしゃる』。わかりましたか？　私は肉体ではなく、魂を見ていると」

与志男：承知いたしました。現在の一部のグローバリストや聖職者たちの状況ですが、一説によると、悪魔崇拝を行う者がいると聞きます。非常に秘密裏に悪魔的な行事が行われたり、子どもが誘拐されたり、聞くに耐えられない話も出てきております。これは事実でしょうか、またナザレのイエス様はどのように見ておりますか？

イエス「誠に悲しいことですが……うんー、うんー、神の言葉に隠れ必ず悪さをする者は昔からいます。神の真実に向かいて手を伸ばし、手を携える聖職にある者がこれではいけない。神は見ておられる。いつかきっと激しい雷鳴と共に打ち砕かれんことを、限りある魂の学びにおいて、このようなことをすることは許されることではない。陰に隠れてやることではない。神は見ておられます」

与志男：実際に神が動くことは、現世においてあるのでしょうか？

イエス「神は、天の父は動かない。しかしながら怒りをもつ神々は動くと思います。天の父が下すことではない。一匹の大きな獅子が降り立つことでしょう」

与志男：それは間もなくでございますか？

イエス「そうしなければ間に合わない」

与志男：近未来に地球外生命体からの支援も、コンタクトも始まると言われております。そのように地球存続のために他の惑星から来た宇宙人たちが、地球の助けになるということも起こりますか？

イエス「そういう心構えだと、今聞きました。すべてではないが、良く思っている者たちからの手は差し伸べられるはずです」

与志男：貴重なお導きをありがとうございました。悪魔の存在についてお聞きします。悪魔とはどのような存在でしょう。

イエス「それは人間の中に存在するものです。人間が生まれ持ってきたもの。必ず持っています。それを嫌ってはいけない。必要があって存在しています。すべてを愛することです。あなたの中にあるものも、隣の彼の中にあるものもすべてを愛しなさい。それがあなたの学びです」

与志男：人間の中には悪魔を崇拝する信者が存在し、私利私欲のために人々を死に貶《おとし》めており、またルシファー様を悪魔と崇拝している者たちがおります。それについてお聞きしたいです。

イエス「ウハッハハハ……まだそういうことを話す人がいるのですか？　人間は何を学び

にきたのか？　人々は白い上着を纏《まと》い、黒い心を持っています。その方たちは学び終えるまで放しておきなさい。ルシファーはわたくしの親友。彼を呼ぶか？」

与志男：はい、ルシファー様にもお伺いしたいことがございます。

イエス「わかった、ではルシファーと代わる」

神々との対話を終えて

石橋マリア

イエス・キリスト様は「ナザレのイエス」とも呼ばれています。それはマリア様がダビデ王の血を引くのでダビデの町・ベツレヘムでイエスを産んだのですが、その後「ナザレ」に戻り、イエスもナザレで育ったので「ナザレのイエス」とも呼ばれています。またキリスト教の新約聖書では、ナザレのイエスを「メシア（救世主）」としています。キリスト教徒にとって、イエスをメシアと認めた呼称が「イエス・キリスト」になります。

ナザレのヨセフ様と聖母マリア様のお子、イエス・キリスト様が十字架上で死亡したのは33歳と言われています。イエス様が処刑されたのち約300年ほどが経ちコンスタンティヌス皇帝*注4のもと、イエス様は「神の子」として宣言され現在に至ります。

私がイエス様のチャネリングをするようになって20年以上になりますが、その中でステージ上でさせていただいた時、観客の中に当時高校生だった少年がいました。その少年には、私の姿がイエス様に見え、両手を真横に大きく広げたイエス様の白衣の袖が風になびいている姿が見えたそうです。

イエス様は「神はいらっしゃる。神はいらっしゃるんだ」と何度となくおっしゃいます。チャネリングをしていて、私はまろやかで張りや艶のあるお声に自分自身が引き込まれていく感覚とともに聞き耳を立てています。

〈悪魔〉について

――解説：石橋与志男

〈悪魔〉についてお話しさせていただきます。イエス様が〈悪魔〉について「人間が生まれ持ってきたもの。必ず持っています」とおっしゃっています。人間は動物です。動物というのは、肉体は闇で、魂は光です。で、闇は〈欲〉です。つまり〈欲〉は動物的なもので、人間も動物ですから「オギャー！」と生まれた赤ちゃんは〈欲〉を持って生まれてきます。お腹が空いたら泣き喚き乳をせがみます。やりたい放題です。イエス様がおっしゃっているのはそのことです。簡単に言うと〈悪魔〉の正体は〈欲〉ということになります。それでも人間の場合、成長する過程で、親からの教育や学校教育で道徳を身につけます。それが〈魂〉の学びであり、大人と子どもの違いです。だから動物的か、人間的かの違いです。例えば、「殺したい」という〈欲〉については、〈欲〉を制御するのが人間であり、〈欲〉を制御できないのが単純に動物です。

しかし、動物の中で一番の〈悪魔〉は人間です。それはなぜか？　野生の動物たちは、お腹が減った時に獲物を殺生して必要な分を食べますが、人間はお腹が減っていなくても殺生しているからです。結果、スーパーには商品が並び賞味期限が切れると廃棄されます。だから無駄な殺生をする人間の行為は、動物の中で一番〈悪魔的〉とも言える。極端な言い方をすると、人間は2~3回、人を殺したら、殺すのが趣味になる。人間の欲は気狂いじみていきます。動物は捕食のために殺すけれど、人間の場合は物質欲という〈悪意〉がある。だから知性を持たなければいけない。魂は学ばなければいけない。悪い人は、学びが足りないから平気で悪いことをする。結果、悪魔のような所業を繰り返しているのではないでしょうか。人間は魂の学びからしか救われないのです。

注釈一覧（イエス・キリスト）

＊注1　**イスキリ**：ナザレのイエスの弟。ゴルゴタの丘でイエスの代わりに磔刑になったとされる。
＊注2　**マグダラのマリア**：『新約聖書』の福音書に登場する、イエスに従った女性。イエスの妻とも言われている。
＊注3　**ゴルゴタの丘**：イエス・キリストが十字架に磔にされたと『新約聖書』に記されているエルサレムの丘。
＊注4　**コンスタンティヌス皇帝**：ローマ帝国の皇帝（在位期間は西暦306年―337年）でコンスタンティヌス1世のこと。複数の皇帝によって分割されていたローマ帝国を再統一し、ローマ帝国の皇帝として初めてキリスト教を信仰した人物。その後のキリスト教の発展と拡大に重大な影響を与えた。

ルシファー

ルシファー

ここよりチャネリング

ルシファー「しばらく」

与志男：はい。

ルシファー「私の名前はルシファー。人間界では嫌われ者です。私に何を聞きたい？」

与志男：闇というものを恐れる人間が大変多いのですが、闇とは生命、光を生み出す源であることも知っております。闇の必要性や役割、癒やしについて人間にとって、本当の理解を与えたいと思い、自分も学びたいと思っております。それについてルシファー様のお考えをお聞かせください。

ルシファー「はい。闇は暗く深い。これは人々にはわかりません。人々のこの闇を、人々の心の中の闇を已で見ようともしない人間にはわかるはずがない。ただこの闇があってこその人間です。そしてこの闇の中から生まれてきたということを忘れている者も多い。わたくしは神の仰せの通り、この闇を司る者です。そしてこの闇を放出しなければいけない時が迫っております」

与志男：闇を放出しなければいけない時が迫っている？

ルシファー「ところがあなた方の心の中にある、多くの光を集めることができれば、闇も消すことができるでしょう。そして人間の尊い命を奪いたくはありません。わたくしはそのために存在しているのではありません。プラスがあればマイナスがある、光があれば闇がある、父がいれば母がいる、すべて対極です。私はそれを司ります。光が強くなれば闇も強くなる。ただわたくしは、それ以上は申し上げられません」

与志男：はい、光と闇は対極にあり、闇が放出される前に、人間自身が自分の中にあるそれぞれの光に気づき、闇と対極にあるその光に目覚めれば、その危機を回避できるのですね。

ルシファー「人々に伝えてほしい。『あなた方の心の中にこそ、闇がある。それを大切にするのか、光と手を繋ぐのか、よく考えるのは自分自身です』と」

与志男：承知いたしました。なぜかルシファー様を人間は〈悪魔〉と呼び、悪を司る象徴のように考える者が多く存在します。また、一部の人間たちは、〈悪魔信仰〉という、ルシファー様を悪魔神として崇めることをしていると聞きます。その人間たちからのコンタクトを受けたことはありますか？

ルシファー「あります。ただそこに存在するのは私ではない。人間が作り上げた『もう一つのルシファー』。私ではない。聞こえてはいるが私ではない。勝手に作った人間の闇。私は動かない。人々は人間の力を恐れています。人間が変えられると思っています。そうではない。光が存在するところには、闇があります。強い光の下には強い闇がある。その強い闇を求める人々の心を覗いてごらん、比較できない何かがある。それは親の愛です。足りていない、人々よ、人々よ、愛を持って感謝をすれば光が差します。私は負けない。しかしこの闇はあなた方を守るでしょう。闇を嫌ってはいけない。尊いものです。怖がらなくてよい。闇の中から生まれたんだからね」

与志男：ルシファー様は、今イエス様や他の天使たちとお力を合わせて、いろんなお役目を果たされているのですか？

ルシファー「いや、そうではない。司ることが違うからね。私はこうして話すことがない。話すことさえ憚《はばか》られます」

与志男：はい。

ルシファー「わたくしはこの世界を守る闇。明るきことは言えません。人々の闇の中に私は存在しますが、人々を守ることもできます。悪魔崇拝は違う闇です。尊さのない闇です。人々の心の中の闇です。頼るものが違う。それだけです」

与志男：正しい闇を知って理解するにはどういう考え方、向き合い方をすればよろしいのでしょう。

ルシファー「三次元の人間にはわからないと思う。向き合うことはできない」

与志男：では、闇に委ねて癒やされることはできますか？

ルシファー「できます」

与志男：恐れを抱かずに闇に心を委ねて、静寂の中で自分を見つめ直すことや癒やしていただくことですね。

ルシファー「あなたは毎晩、闇の中で眠るでしょう。それこそが静寂、闇です。人々は必ず眠る。目をつぶる。そこに静寂が、闇がある。それを人は夜と呼ぶ」

与志男：夜の睡眠こそが、静寂の癒やしですね。人間はすでにそういう恩恵を受けていることを改めて知る必要がありますね。

ルシファー「陽が昇り、陽が沈む。人々は陽が沈むことに感謝をするのです」

神々との対話を終えて

——石橋マリア

ルシファー様をこれまでにチャネリングさせていただいたのは3度しかありません。

その中でも初めてチャネリングさせていただいた時のことは忘れません。私しかわからない。私の中のルシファー様。

それは静寂の中からというのではなく、静寂そのものがルシファー様であり、とてもとても紳士的で力強く、穏やかで、高貴で知的。寂しさと憂いも兼ね備え、母性本能をくすぐられるような凛とした方でした。

その声は冷淡で何者も近づけさせないような雰囲気にしてしまうのですが、荒ぶるような感じは皆無です。

その時のお詞《ことば》を掲載します。

私は影と呼ばれることに反対はしない。陰の部分で充分である。私はその役目があり、承った。やらねばならない。動けないという命《めい》を授かっている。私が動き出すと、怖がる人々が多い。だが、私は決して動かない。作り出された妄想に過ぎず、人間は私をあざ笑うかのように私の名前を使い過ぎる。自分の中を見てごらんと言いたい。

人々は闇の中でこそ、自分を見つめる。闇の中でこそ、成長をするのに。闇のおかげで生まれ出てこれたのに、もっと人は闇を愛すべきだと思います。

（チャネリング日／２０１２年９月１日）

〈闇〉について

——解説：石橋与志男

ルシファー様についてお話しします。ルシファー様は、天使の中でもトップの人です。大天使＊注釈1には一番力の強いミカエル様、ガブリエル様、ラファエル様がいて、ルシファー様は、「私が守るから」と言って一番下にいって軸を作っているのです。天使界で最高クラスの能力のある方なので、一番下から押さえつけて、睨みをきかせている。ルシファー様が「私は動かない」とおっしゃるのはそのためです。だから上の人よりもしっかりしています。

〈闇〉は本来、怖くないのです。ルシファー様も「闇の中から生まれてきたということを忘れている者も多い」とおっしゃっています。生命は宇宙という〈闇〉から誕生し、人間も母親のお腹の中から生まれたのです。母親の胎内も〈闇〉です。〈闇〉というのは穏やかで静寂に満ちています。例えば、夜、睡眠することで明日への活力を充電します。〈闇〉を別の言い方をするなら、母性愛であり、慈悲や慈愛、強さや優しさです。宇宙は愛です。人間は太陽の光の中で生活していますが、無限に広がり続けている広大な宇宙は〈闇〉です。本来、光ではなくて〈闇〉が主です。だから「闇を嫌ってはいけない。尊いものです。怖がらなくてよい。闇の中から生まれたんだからね」とルシファー様は優しくおっしゃっているのです。それは人間の〈闇〉に対する認識が間違いであるということ。「光の中の闇」ではなくて「闇の中の光」というのが正解です。人間は〈闇〉を逆に捉えているのです。

　悪魔信仰について、人間が作り上げた「もう一つのルシファー」とルシファー様は、おっしゃいました。悪魔信仰は人間が勝手に作った闇です。「自分の欲を達成するため」とか、「自分だけ良ければいい」というのが悪魔信仰です。そういった意味では〈一神教〉は悪魔信仰的な側面があるかもしれません。日本の場合は〈多神教〉です。母性愛信仰であり、多信仰ですからこだわりがない。お母さんというのは、こだわらないし、いろいろなことを受け入れる。日本が「世界の救世主」と言われるのはそのためです。

「この闇を放出しなければいけない時が迫っております」とルシファー様がおっしゃる意味は、贅沢が解けて闇の時代が訪れるということです。質素という世界が始まるということです。今、世界の人口は80億人になりました。今後、どんどん消費が増えていきます。それこそ資源も生産も足りなくなる。物が大事になってくるから、日本は終戦直後のようになって闇に戻っていくかもしれない。

　続けて「あなた方の心の中にある、多くの光を集めることができれば、闇も消すことができるでしょう」とも、ルシファー様はおっしゃっています。その意味は人間の〈怖い〉という集合意識の問題です。例えば、人間が自然災害や、コロナを〈怖い〉と意識するから、大きな被害が出たり、蔓延するのです。これをそれぞれ個人が勉強し、原因なり要因を理解し〈怖い〉という意識を持たなくなれば改善されます。自分のことを信じず、マスコミやSNS等を信じるからそのようになっていく。結果、自分を自分で苦しめている。みんなが馬鹿げたことをしないで、もっと勉強して、持てる力を発揮すれば、この世界は変わります。

注釈一覧（ルシファー）

＊注1　**大天使**：アブラハムの宗教（ユダヤ教・キリスト教・イスラム教）の神話に登場する「天使」の階級の一つ。ちなみにミカエル、ガブリエル、ラファエルを三大天使という。

聖母マリア

せいぼまりあ

聖母《せいぼ》マリア

ここよりチャネリング

与志男：聖母マリア様、お越しいただきましてありがとうございます。聖書に受胎告知《じゅたいこくち》のお話があります。大天使ガブリエル様が降りてきて、聖霊＊注1によってキリストを妊娠したことをマリア様へお伝えしたというお話です。大天使ガブリエル様とはどのような方でしょう。差し支えなければ、お二人のご関係について教えていただけますか？

聖母マリア「はい、ガブリエル様は天の父に教えを乞い、わたくしの元へ来てくださったのは事実です。ガブリエル様は一本の白いユリを持ち、わたくしにこう言いました。『マリアよ、天の父の子を身ごもりなさい。あなたはこれから尊き天の父の子どもとなります。そしてあなたは天の父の子を産みなさい』。わたくしはそう言われ、それを有り難く受け入れました。ガブリエル様は大きな大きな大天使。その羽は天まで届くような大きさ。そしてそう告げるとガブリエル様は天高く、その大きな羽を使い羽ばたいていかれました。そしてその一本の白いユリはわたくしの手元に授けられ、4日間の命で静かに消えていきました。わたくしはそのユリの花を持ち、天の神様にこう言いました。『お父様、わたくしでよろしいのでしょうか。こんなわたくしに天の神様の子どもを産むことができるのでしょうか？』。すると天から大きなラッパが鳴り響きました。わたくしはそれが神様のご意向だと信じ、意を決したのでございます。そしてわたくしはその時、夫であるヨセフに正直に話しました。ヨセフは、最初は信じてくれなかった。ですが、わたくしのお腹はみるみる大きくなり、夫も子どもを授かったことを信じてくれました。それからわたくしたちはこの子を大切にしなければいけないと思い、人々にお話しをしましたが誰も信じてはくれませんでした。ですが、わたくしとヨセフは、天の神様に顔を向けいつも幸せを感じていました。そして授かったのがイエスです。ですから皆さまに申し上げます。『子どもは天からの授かりものです。どうぞその子どもたちに輝く瞳を戻してあげてください。母親が立派に気持ちを建て替え、子どもたちにその愛を十分に伝えてください』。そうすれば子どもたちは、非行に走らず人を信じます。まずは親を信じさせないと子どもは人を信じません。そして大人になって、また子どもを授かった時にその子どもたちに同じようなことをすればいいのです。ただそれだけのことができないことで、この地球は悲しんでいます。動物に成り下がった人間が多い。今では動物の方が清き魂を持っています。人間を裏切らない。人間は動物を裏切り、愛していたのに捨ててしまうということも行われています。ですから、神々は人間を裏切ると思いますよ。人間が神々に裏切られないようにするには、まずは子どもを、そしてまわりの人々を大切になさい、たったそれだけのことです」

与志男：承知いたしました、「隣人を愛せよ」ということですね。子どもたちの命を守るために今、どんなことが必要でしょう。

聖母マリア「今、言いましたね、〈親の愛〉、それだけです。欲しいものはすべて揃っている世の中です。足りないものは子どもに対する〈親の愛〉。そしてこれからもわたくしは皆さまを愛しています。天のお父様にも、そう伝えます。わたくしは皆さまを愛している以上、『どうかわたくしの好きな皆さまを見捨てないでください』と、お伝えします。自信を持って生きなさい」

与志男：はい、ありがとうございます。ナザレのイエス様やマグダラのマリア様*注2とは、どのような関係でいらしたのでしょう。

聖母マリア「はい、わたくしはイエスのことは愛しています。ただそれだけ。イエスが大切にしていた人々の中にマグダラはいます。彼女はイエスを信じ、その手を足を清め、大切な自分をなくしてもイエスのために生きていました。まわりの女性もそれはわかっていました。わたくしも母親として、とても幸せを感じていました。マグダラはとても気立てのいい娘です。その時のことを思うと胸が張り裂けるばかりですが、イエスは天の父に、『どうかわたくしの体を差し出すので人々を救ってください、人々の罪を消してください』と言いました。マグダラも同じく『わたくしの体も差し上げますから、人々の魂を救ってください』と懇願しました。ですが、元々の魂の重さが違います。イエスは神の子として生きてまいりました。マグダラはその後を追いたかったに違いありませんが、貧しかったわたくしたちは、共に生活をしてイエスを慕いながら、人々にイエスの知恵と博愛を伝えてまいりました。とても気立てのよい子です」

与志男：原罪*注3というのがあると、イエス様が言われていましたが、マリア様は原罪をどのように思われていますか？

聖母マリア「はい、わたくしは生まれてきたこと自体が罪だと思い、その生まれてきた罪を、人間として罪を背負わされたものを、わたくしが代わりにと思っていました。そして皆さまに天の父の愛をわかっていただきたいと思っていました。わたくしが思っていた原罪は、やはり生まれてきたことを恥じなさいということです」

与志男：現代風に言えば、カルマ*注4ということでしょうか？

聖母マリア「また違います」

与志男：前世でできなかったことではないのですか？

聖母マリア「前世は前世として、しなければならなかったことは確かにあります。ですが、わたくしが生まれてきたことに罪があると申しましたのは、生まれてこなければ、人々が人々で学ぶということをしなくてもよいのです。生まれてきたということだけは、人々に学びをさせるための生命の息吹です。カルマ、過去世《かこせい》*注5は関係がありません。わたくしはそう思っています。ただ人間として生まれてきたらすべきことがたくさんあります。それは罪を背負っているから。その罪を減らさなければいけない。でもわたくしはその罪を背負ってあげたい。そして人々を少しでも楽に生きていくようにしてあげたいのです、イエスがそうだったように。わたくしは人々に罪を背負わせたくはありませんでした。生まれてきたからには支え合い、励まし合う。あなたとわたくしは同じものを持ってきている。だからこそ、『一緒に進んでいきましょう、死ぬまで』と皆さまに伝えてきました。もちろんわかってくださらなかったこともたくさんありますが、人々が人々として生活していく上で、とても大切なことを話しておきたかったのです。ですからわたくしは今でもそう思っています。あなた方の罪も背負ってあげたいのですが、人々には、それはわからないことだと思います。人々に対しての嫉妬や嘘や、表現が下手なゆえ、この世を去っていく人たちも多くありますが、わたくしはそれをどうすることもできません。せめて生まれてきた時から、その人たちの罪を軽くしてあげたいと思うのがわたくしにとっての原罪です」

与志男：私は今まで、いろいろな方のカルマを取り除いてきました。過去に、死にたくなくて逃げた時の恐怖心から、今回の恐れが入っていました。過去世でのカルマを取るだけではなく、イエス様は原罪も被られたのですね。

聖母マリア「はい、そう思います。わたくしの考えが間違っていなければですが、あなたが人々の今の罪を背負うには、神が許されるかどうかです……」

与志男：カルマは取れると思っています。生まれた時点での罪深き者という、原罪を取るというのは大変なことなのですね。

聖母マリア「イエスでさえ、自分の命と引き換えに人々の罪を背負い神に祈ったのです。

あなたにそれができればやりなさい。ですが、自分の命と引き換えですよ」

与志男：はい、覚悟が必要になりますね。慈愛について教えていただきたいです。

聖母マリア「はい、皆さまがいらっしゃるこの地球上の、すべての人々がその愛を信じるならば、あなた方の中にある永遠の魂が目覚めて、それぞれが持ってこられた永遠の魂を輝かせ、また、その魂を永遠のものと感じられることでしょう。人々が悩み苦しむのは、間違っています。人々はその苦しみを自分のこととして捉え、人々と分かち合うのです。人々はその苦しみを自分の痛みと思い、自分の考えを追求するのです。そして、お互いの命を重ね合い、一つのこととして分かち合えば、苦しみが愛に変わります。わたくしが母から受け継いだ永遠の魂は、あなた方に伝わっているのです。あなた方が生まれ、そして、あなた方の親が生まれ、わたくしもそうしてきました。わたくしが特別なわけではなく、あなた方が特別な方でもないのです。あなた方の、あなたの子どもも同じです。その子が自分でものを判断できるまではあなたの子どもであり続けます。

しかし、子どもでも判断の能力を身につけると巣立っていきます。それを見つめるも待つも動くも、あなた次第です。子どもたちはあなたの体を借りて束の間の命を育み、この世に生まれてきます。その子どもたちはあなたの子どもであながら、神の子であることを覚えさせてください。一人一人の魂が神の子として輝きを増すと、この世界はどうなるか考えてください。

イエスは元々、神の子です。その時は幼きイエスがわたくしよりも、もっと年を重ねた青年に見えました。この子はわたくしたちが守っているのではない。神が守っていらっしゃる。そして、この子がそのうち、わたくしの手を離れて巣立っていくことを感じてしまいました。『わたくしも成長しなければ』と思ったことが昨日のように懐かしく思い出されます。幼きわが子が愛《いとお》しく、また、あの日を思い出すとわたくしの子ではないイエスがそこにいました。彼はわたくしたちを本当の親だとは思っていないのです。それは、当たり前のこととして受け止めなければならなかった。そこに大きな溝を作ってはならない。

わたくしは彼の髪を撫でて、こう言いました。『あなたのお父様は、あなたがどこにいても、いつもあなたを見ていらっしゃる。だから今日はわたくしたちと一緒に戻りましょう』。すると、イエスは小さく頷いて、そこにひざまずきキスすると、わたくしたちの手に戻ってきてくれました。感謝に涙が止まらなかったことが昨日のように思い出されます。

わたくしは強くはありません。わたくしは、心はもちろんですが、我が子でありながら、我が子ではない神の子を育てさせていただいた感謝の思いは、誰よりも強かったと思っています。今の皆さまに投げかける言葉は、『すべてを赦《ゆる》し、包み込みなさい。そして、価値ある自分を創り上げて、その姿を後生に伝えていきなさい』ということぐらいです。わたくしは彼を神の子として扱いながらも、人間の子として教えなければならなかったのです。そこには、彼を守らなくてはならないというわたくしの使命がありました。

世の中の母親も父親もすべて同じだと思っています。彼から教えられることは山の数ほどあり、河の流れほどありました。わたくしはその彼を身ごもった、この喜びに毎日心が震えていました。そして、あなた方も同じだと思うのです。わたくしの子でいながらわたくしとは全く似ていない。あなたの子でありながら、あなたには全く似ていない。だからこそ、お互いが学び合うのではないでしょうか？　あなた方の子は、あなたをどう思っていらっしゃるでしょうか？その時が来るまで、あなた方を慈しみ守ってくれるでしょうか。わたくしはこう思うのです。わたくしが慈しみ守ったその行為よりも格段の愛をもって彼はわたくしを慈しみ守ってくださいました。あなた方の子どもさんも、そしてまわりの方もあなたが慈しみ、その愛を手向けたよりも、あなたに愛を返してくれるのではありませんか？　気づくべきではありませんか？　わたくしはこうして、あなた方にお話をさせていただくこの時を深く感謝いたしております。
神の子、イエスでさえ、その言葉の使い方を考えて苦しんだのです。言葉は大切なものです。皆さまの言葉に愛をのせて、人々に伝えるようになさい。イエスは人々の罪を背負い、自分の体を投げ出したのです。そこに禁断の事実がありますが、イエスは人々のことを思い、また自分にしなければいけないこともあったのです。皆さまの罪が消えるように、そして本当の自分を取り戻してください。あなたが悩むことではないかもしれない。あなたが赦すことではないかもしれない。すべてはあなたの上にいらっしゃる、あなたのお父様が判断なさることです。あなたは苦しみの中にあってはいけない。喜びがすべてを消してくれるのです。あなた方に愛ある心が多くあることを望みます」

与志男：とても深いお言葉をありがとうございました。現在、地球で起こっている疫病や天変地異、戦争、また今後、危惧される食糧危機などに、人類はどのように対処するべきでしょう、マリア様のお考えをお聞かせください。

聖母マリア「すべて人間が責任を取ることで、解決してまいります。わたくしは、その昔、人間として生きておりました。その当時からわたくしたちにも悩みがあり、それぞれの子どもをどう扱うのか、育てるという認識はなく、どう扱うのかで皆が話し合っていたように思います。今は子をまるでペットのようにして育てている気がいたします。先ほどから話を聞きながら、今の人々は親であることを忘れ、子どもを所有物として、扱っている気がします。親が親であることを認識のないままに子どもを授かり、その子どもを殺してしまう。これは非常に考えなければなりません。また子どもを誘拐して、子どものエキスを使う人間もいる。これは神の世界からすると、まさに人間を放棄したくなります。子どもというものは神様からの預かりものです。その子どもを成長させる段階で親となっていくものです。しかしながら、母親は自分が母親になるという実感が湧いてくるように、神様が胎内に留めるようにとなっております。その期間を設けることで母親になってまいります。しかし、現代の女性はそれも忘れ自分の欲にまみれ、お金のためや道徳心を学ばないまま母親になっていくような気がいたします。子どもというものをよく見てごらんなさい。彼らや彼女らは尊き瞳を持って生まれてきています。ですが、どうでしょう? 最近の子どもたちはその尊き瞳の輝きも失せ、何を目標にして何を見て生きていくのかわからないままに成長していっております。母親の尊厳というもの、父親の尊厳というものもなく、家族で子どもを可愛がり過ぎ、人々が子どもを見ない、自分の子どもだけ。これは世界中、どこでも同じことです。ならば一層のこと、首に首輪を付けて『あなたのものにしなさい』と言いたい。ですが、神はそれを望んではいらっしゃいません。ですからこそ、この世の中から人間を減らそうとなさっています。人々にお伝えください。『この地球が地球でなくなれば、一人も生きていることはできないのです。まずもって、この地球を大切にしなさい。そして生まれてくる子どもを立派に成長させながら自分も成長しなさい』と、そう言ってください。わたくしたちは尊き命を神様からいただき、このように生まれてきましたね。あなた方にも親があるようにわたくしにも親がいます。わたくしの愛する息子も親がおります。ただし、彼の親は天なる父の神様です。あなた方も同じ、あなた方の大元の父親は神です。どうぞ、それを忘れず、その天なる父がどう見ていらっしゃるのか、『このことをすると喜ばれるのか、そうでないのか』をご自身で判断しながら、『小さなことでも構わない、可哀想な人がいたら、言葉をかけてあげなさい。手を差し伸べてあげなさい。するとあなたの心が喜びます』。そう伝えてください」

与志男：心に響くお導きをありがとうございました。

神々との対話を終えて

石橋マリア

聖母マリア様は静寂な時にだけ降りてこられるのではありません。特にマリア様は子どもが機嫌よく愉しんでいると機嫌よく降りてこられます。そしてマリア様の澄み切ったお声はその場を浄化してくださいます。

以前、私の髪はもっと長かったのですが、ある日、車を運転していると主人（石橋与志男）が「マリア様はマリアの髪が好きだね～。今、後部座席に座ってマリアの髪を触っている」と教えてくれたこともありました。

「常時マリア様は私の中にいらっしゃるの？」と聞いたことがあります。

「必要な時に入られるよ」と言われた時はホッとしました。

だっていつもいらっしゃると思うと緊張しますよね。

〈慈愛〉と〈博愛〉について

——解説：石橋与志男

マリア様は、〈慈愛〉について「すべてを赦《ゆる》し、包み込みなさい」とおっしゃっています。もう少しわかりやすく解説すると、〈慈愛〉は、深い悲しみや苦しみを経験して初めて生まれてくる愛です。

女性の場合は出産です。子どもを産む時にその「深い苦しみ」を経験します。その経験を、母親が生まれてきた子どもに分け与えないようにと包み込むのが〈慈愛〉です。

男性でも人生のどこかで、「深い悲しみや苦しみ」を経験し、もし気づきがあるなら〈慈愛〉を持ち合わせることもあります。

例えば、会社の社長が男性だとして、「深い悲しみや苦しみ」に突き落とされた経験がない場合、人々は離れていきます。逆に経験がある場合は、社員を慈愛で包み込むので、社員は社長のために力を貸そうとします。実はこの〈慈愛〉は日本人の多くが持ち合わせています。

では外国の方を考えた場合はどうでしょう？　外国人の女性も子どもを産むし、社長もいます。どちらが良い、悪いではないですが、日本人が持つ〈慈愛〉とは異なり、外国の方は、宗教観として大きく広い愛を持っています。それが〈博愛〉です。マリア様は「人々にイエスの知恵と博愛を伝えてまいりました」とおっしゃっています。

〈博愛〉は、皆さんが一つになって、心の中から「助けてあげよう」と思う心です。例えば、東日本大震災で悲しみに包まれた時、皆さんが被災地に目を向けて、募金やボランティア活動などで力を貸しました。これが〈博愛〉です。

一般的に日本人は〈慈愛〉は得意ですが、この〈博愛〉が苦手で、外国の方は逆に〈慈愛〉が苦手と言われています。今の時代、特に若い世代は、クラウドファンディングでお金を集めることやボランティア活動を通して〈博愛〉を学んでいる人が増えています。

この〈博愛〉を全ての日本人が学び、一人一人が〈博愛〉というものを心の底から持ったなら、その時こそ、日本が世界をリードする時なのかもしれません。

注釈一覧（聖母マリア）

＊注1　**聖霊**：三位一体の神の位格の一つ。三位一体とは父（＝父なる神）、子（＝神の子なるイエス・キリスト）、霊（＝聖霊）が一体であるという教え。カトリック教会などキリスト教の諸教派が共有している。

＊注2　**マグダラのマリア**：『新約聖書』の福音書に登場する、イエスに従った女性。イエスの妻とも言われている。

＊注3　**原罪**：アダムとイヴから受け継がれた罪のこと。

＊注4　**カルマ**：自分の過去の善悪で生み出された業《ごう》の結果、本人にはね返ってくる因果応報の働きのこと。

＊注5　**過去世**：生まれてくる前に、別の名前、別の地域で生きた過去の人生のこと。

釈迦如来

しゃかにょらい

釈迦如来《しゃかにょらい》

ここよりチャネリング

与志男：お釈迦様、お越しいただきましたことを心から感謝いたします。お釈迦様にお聞きいたします。仏教では輪廻して、六道《りくどう》いわゆる天道《てんどう》、人間道《にんげんどう》、修羅道《しゅらどう》、畜生《ちくしょう》道《どう》、餓鬼道《がきどう》、地獄道《じごくどう》に魂が転生するとお聞きしました。転生先である六道への魂の選別はどのように行われるのでしょう。

釈迦如来「はい、わたくしが直接携わっているものではなく、そこにおわします方々が、そこで選別と申しますか、その人々の生き様を見て次の転生先を決め、転生をする者たちに問い、今一度学びたいと申す者あれば生まれ変わるという約束の道でございます。それぞれに自分の生きてきた道を見せ合い、反省をして、そこでそれぞれがその道を選び降りてまいります」

与志男：それはそれぞれの魂が自ら選んでいるということですか？

釈迦如来「はい。まずはその者たちの上の者が、その者たちに問い、その者たちが選び、承諾をして生まれてまいります」

与志男：転生とはそのようなな仕組みになっていたのですね。仏教を開祖した際、梵天《ぼんてん》様《さま》*注1に三度、衆生に説くよう繰り返し強く請われたと聞きました。それは事実でしょうか？

釈迦如来「はい」

与志男：お釈迦様に決意させた梵天様は、どのようなことをおっしゃったのでしょう。

釈迦如来「わたくしの魂を見て、わたくしが求めたものを見抜き、そのことを伝えていくようにと話しをされました。しかしながらわたくしはこう思いました。『わたくしに問われて、またわたくしが答えて、求めるものではなく、人々が生きていく上で、それぞれに気づきがあり、そこで人々が求め得るものこそ道だ』と申し上げました。『わたくしの力は要りません』と申し上げましたが、梵天様は幾度となくわたくしに教えるようにと懇願されました。そして『わたくしが教えることではない』と申し上げました。ですがあまりの心強さと申しますか、わたくしが納得いたし、申し上げましたのは、『わたくしが教えるのではなく、気づきを与える。そのことならばお受けしましょう』と、お話をさせていただきました。わたくしが思うに、『人の道、人生というものは、さほど苦しいものではなく、わたくしが求めていたものではなかったということに気づいたからでございます。簡単なことを人は避け、難しく難しく受け止める。己が気づけばその先は有り難い道があるもの』。わたくしが伝えたことはそれだけでございますが、わたくしの弟子がそれぞれに話をして、それぞれに後世に伝えたことかと存じます」

与志男：そのような経緯があったのですね。80歳で入滅なさる前に、〈聖者の教え〉と〈神通力《じんつうりき》＊注2〉について説いたとお聞きいたしました。

釈迦如来「〈聖者の教え〉とは、堅苦しく考えることなく、求めることをやめなければ天は力を与えてくれるということでございます。何も聖者になる必要はなく、ただただ己の道を間違わず進めば、例えそれが遠回りでも必ずやその人の教えになっていくはずでございます。〈聖者の教え〉とは、道を踏み間違えても、真っ直ぐでなくても、己に携えられた道であるということを間違わず進めば、必ずや成功であるということです。〈神通力〉というものが針の穴ほどの洞穴《どうけつ》でも身体は進まずとも思いは通る。一つのことを成し遂げようと思えば、確固たる願いを持ち、振れぬ思いを持てば、それが必ず〈神通力〉となり、遠くにいる者にも伝わるということでございます。ほんのたとえでございます」

与志男：中国の小説『西遊記』＊注3の中で三蔵法師＊注4と孫悟空たちが目指した天竺《てんじく》＊注5という場所は、一般的には現在のインドの古称と言われております。天竺の場所は今で言うどの辺りなのでしょう。

釈迦如来「シルクロードというものをご存知か？」

与志男：はい。

釈迦如来「そこをずっとずっと南の方へ下り、中国の端の方へ向かう途中にございます」

与志男：ではインドからチベットの方へ向かって越える？

釈迦如来「いいえ、チベットというところなのかも知れません。我々が向かった天竺というところは岩場でございましたよ。砂漠のようなところでもありました。空気が薄く、岩場に向かい歩きました。わたくしはそちらでも過ごしたことがございます」

与志男：天竺でも修行をされたのですね。人間の命についてお聞きします。人には長生きの人、短命の人や自死を選ぶ人などさまざまですが、生かされる人とそうでない人という生死の選別は、天界で行われていますか？

釈迦如来「お答えいたします。生かされる者は生まれいずる時より役目を持つ者と学びのために生まれる者がございます。生死はその者の判断に任される者と、そうでない者がございます。そうでない者がいくらご自身で死を選ぼうとしても生かされます。人々の願いを伝えるために生きることを選ぶ者は、すなわちこれ人徳。徳を持ち生まれくる者は仏なり。水を得た魚のようにこの生を活かす者は少なく、それでも生きようとする者こそが天に戻ることができます」

与志男：では天国と地獄とはどのような場所でしょう。

釈迦如来「人々はよくそれを申しますが、人々の行いは個人の記憶なりて、記憶が美しければ天へ、辛く悩み思い過ぎる者は、言うなれば地獄、その者が作り出し選ぶものなり。すべてがそうではなく、人々の魂を刈り取り持ち込む輩もおります。人々は生きる間、生を受け続けることに感謝をして夢を持ち、笑いを携え、人々に安堵、安らぎをもたらし、帰る者こそ救われます」

与志男：人間の現世での自身の心の在り方、生き方といった行為、その記憶により天国か地獄かが決まるのですね。ではもし地獄に行ってしまった魂が、途中から天国へ行く方法はありますか？

釈迦如来「気づけば成る。気づかぬうちは上がれません。すなわち、個人の気づきで上がることもできますが、生きておるうちに善きことをせぬ者は、なかなか気づくことはない」

与志男：その善きこととはどのようなことでしょう。

釈迦如来「己の魂に嘘をつかず、見栄を張らず、追従《ついしょう》＊注6を言わず、人々を嫌わず、親を嫌わず、兄弟を、子どもを、妻を、夫を嫌わず、戻ることです」

与志男：ありがとうございます。自然界に存在するすべての魂は、何度も転生を繰り返して、永遠に存在し続けると聞きました。

釈迦如来「だと思います」

与志男：目的と言いますか、魂が転生する意味とは、どういったことなのでしょう。

釈迦如来「己の過ちに気づくことなり」

与志男：私は神様から見た慈悲をお聞きしたいのですが、先ほど、人徳と言われましたが慈悲についてお聞きしたいです。

釈迦如来「はい、わたくしが思う慈悲でよろしいですか？」

与志男：はい。

釈迦如来「人々に授け授け授け、さすれば自ずと慈悲が生まれ、体《たい》を育て育めば慈悲が戻ります。そこから考えなさい」

与志男：はい、承知いたしました。これに励めば人徳が出るのでしょうか？

釈迦如来「人徳はいただくものではなく、生まれるものです」

与志男：承知いたしました、さらに人々に授け育むことに励みます。人生で行ってきた人々の善悪の所業は、すべて天界で見られているのですか？

釈迦如来「すべてとは申しませんが、己が思うことは繋がります」

与志男：人として生まれる意味は、動物や他の物質ではなく、人間に生まれること自体に何か意味があるのですか？

釈迦如来「足るを知るということ。感謝を知るということ。贅沢はいけません。足るを知ればそれで充分です」

与志男：現世で成すべき使命を持った人は、その使命をどのようにしたら理解することができますか？

釈迦如来「かなりの努力が必要かと思われますが、悟りを開くとすぐにわかります。人々は欲にまみれ名誉にまみれ、子育ても忘れ道を外れ、それを見失う者が多く、しかしこの世はそうは甘くありません。突き落とされてみてはじめて目覚める者も多いかと思っております」

与志男：はい、己の使命に目覚めるには、日々の気づきと努力がとても大切ですね。お釈迦様と繋がり、ご加護をいただくためには、どのようにすればよろしいでしょう。

釈迦如来「わたくしと繋がるには手を合わせ、己の過ちを正し、救いの手を人々に差し伸べることでしょう。わたくしはその手を持ち上げることはできます。人々に与えたものが手に戻ります。人々にお伝えください。『この世に生まれたことを有り難く、その修行を終えるまで人々に過ちを犯させず己も犯すことなく、愛を持ち澄んだ心を持ち、笑顔で過ごすように』とお伝えください」

与志男：承知いたしました。ご教示いただいた有り難いお言葉を多くの人々にお伝えさせていただきます。

神々との対話を終えて

石橋マリア

日本人にはなじみの深いお釈迦様。

子どもの頃、お釈迦様の誕生日と言われている4月8日には甘茶を飲んだ記憶があります。花祭りですね。

チャネリングの時のお釈迦様は、穏やかでどの世界にいらっしゃるのかわからないような透明感のある方です。ですが色で言うと「こげ茶」なんですね。絶対的な存在感もあります。とてもお優しく、諭してくださいます。

〈悟り〉について

——解説：石橋与志男

お釈迦様はネパールのルンビニという村で釈迦族の国王の子どもとして生まれました。釈迦族のバラモン教＊注7は、厳しい修行をするというのが基本です。29歳で出家し、バラモン教の教えに従い厳しい修行を6年間しました。その苦行で死線を彷徨っていたお釈迦様は、スジャータに乳がゆを与えられて一命を取り戻します。その後、苦行をしなくなったお釈迦様は、生かされていることに気づき悟られました。

私がよくお話ししているお釈迦様の修行とは感謝です。それは〈内観＊注8〉するということです。結局、修行とは何かというと、山にこもるのが修行ではなく、人がいる場所でいろんな人に会って感謝し、そこで人との差を取るというのが〈悟り〉です。

例えば、嘘をつかない「本音で話す人」や「結果を出す人」と友だちになった場合、その人たちとお互いに勉強をすることで、自分を内観することができます。それにより自身を改善することができる。それができれば自身の迷いが消え岩の如くブレなくなる。

それは「頭は宇宙のように、魂は地球の如く、心はすべての視線と同行する」ということとですね。それにより自身の能力は開花します。それをお釈迦様は〈悟り〉と言われています。

まずは己に勝つこと、これが大事ですね。心がブレたりして相手の土俵に入るのはよくありません。基本的に頭を働かせ、太陽のように前向きに明るくなれば、魂は不動のものになる。心は鏡ですから、己の我を取り払って、神の如く男として陽に、女として陰となり、陰陽のバランスを取って不動になれば、自ずと能力は開花し、〈悟り〉の境地へ達します。

要は「大きな心で『生かされているということを感じましょう』というお勉強ですよ」と、お釈迦様は言われているのです。

注釈一覧（釈迦）

＊注1　**梵天様**：仏教における天界の十二天の中の一尊。古代インドの神・ブラフマーが仏教に取り入れられたものである。ブラフマーは、古代インドにおいて万物実存の根源とされた「ブラフマン」を神格化したもの。ヒンドゥー教では創造神ブラフマーは、ヴィシュヌ（維持神）、シヴァ（破壊神）と共に三大神の一柱に数えられている。

＊注2　**神通力**：超人的な能力。通力。「神通」とは、不思議な働きのこと。「神」とは霊妙な力のことであり、「通」とは智恵を意味する。仏教では智恵によって神通が備わるとされる。

＊注3　**『西遊記』**：唐の時代に中国からインドへ渡り仏教の経典を持ち帰った玄奘三蔵の長年の旅を記した地誌『大唐西域記』を基に虚実が入り乱れる白話小説（口語体で書かれた文学作品）。物語の縦軸に唐僧・三蔵法師（玄奘三蔵）の波乱の人生を、横軸に無敵の仙猿・孫悟空の活躍を置き、三蔵法師（玄奘三蔵）一行が、猪八戒、沙悟浄を供に従え、幾多の苦難を乗り越え天竺へ取経を目指す物語。全100回。中国四大奇書に数えられる。

＊注4　**三蔵法師**：仏教の経蔵・律蔵・論蔵の三蔵に精通した僧侶（法師）のこと。『西遊記』に登場する人物として有名だが、三蔵法師というのは一般名詞であり、尊称であって、固有名詞ではない。

＊注5　**天竺**：中国や日本が用いたインドの旧名。

＊注6　**追従**：おべっかを使うこと。

＊注7　**バラモン教**：ヒンドゥー教の前身となった、ヴェーダを権威とする宗教のこと。ヴェーダとは紀元前1000年頃から紀元前500年頃にかけてインドで編纂された一連の宗教文書の総称。

＊注8　**内観**：自分の意識やその状態を自ら観察すること。内省。自己観察。

ガネーシャ

ガネーシャ

ここよりチャネリング

与志男：ガネーシャ様、お久しぶりです。今日はガネーシャ様にお聞きしたいことがありましてお越しいただきました。

ガネーシャ「やぁ、やぁ、やぁ、やぁ、こういうところに僕は久しぶりに呼んでもらったね。ハァハァハァハァハァー、何が聞きたい？」

与志男：ガネーシャ様は、今もそうですが、とても明るくお笑いになりますが、笑うことには、どのようなパワーがあるのでしょう。

ガネーシャ「泣いてごらん、すぐわかる。笑えば太陽が輝く、人々が寄ってくる。泣いてごらん、雨が降る。人々が寄ってこない。これが笑い。笑うと病気にもならない。たとえ病気になっても笑う病人の側には病人は来ない。笑えばすべてがハッピー！　笑うと人々が君のことを大好きになり、僕のことも大好きになる。それが笑い。もっと聞きたい？」

与志男：はい。病気の根っこには、ネガティブな感情があると、以前、お聞きしました。病気になってしまったら、治癒させるために、どのような心掛けが大切ですか？

ガネーシャ「みんな神様が言っているけど〈感謝〉。必ず忘れている。闇の中に答えを求めて、同じ意見の人の話を聞く。もっともっと暗くなっていく。感謝して。食べ物も粗末にしない。笑って雨が降ったら濡れてもいい。〈感謝〉。感謝をしない人間には何が来ると思う？　カビが生える、アッハハハ。カビが生えて笑えない」

与志男：笑うこと、感謝すること、物を粗末にしないこと、この他に病気を屈強にはね返すために人間はどのようなことを心掛けたらよろしいでしょう。

ガネーシャ「心配しないで。いらない物を背負い過ぎる。ないことこそ好きな人もいっぱいいて、心配を背負い、腕に持ち、足を引っ張り、心配を探す。何も心配することはない。太陽は昇り、また沈む。何も心配することはない」

与志男：はい、心配ごとを捨てると安心しますね。ガネーシャ様は商売の神様でもありますけれども、商売を成功させて富を得たいという人もいっぱいおります。富を得るために必要な心掛けを教えてください。

ガネーシャ「そうだねー、商売は何のためにする。人々を幸せにするため。自分のためだけにやると失敗する。人々に幸せを分けようと思えば成功する。まずはそれ。お金儲け、それは後からついてくる。人々を助けて人々に笑顔を与える商売をすると、僕がいなくても人々がどんどんやってくる。僕よりも人々の口利きによって人を呼んでくれる。私に手を合わせる人たちに言ってください。『自分を信じて、自分の力を最大限、引き上げなさい。そしてそれを還元することを忘れないで』。人も、物も、お金も循環。人々に伝えなさい。『あなたが幸せでなければ、まわりも幸せじゃない。笑わないと笑顔の神様は寄ってこない。とにかく笑って。人間は笑う動物。日本人は笑うのが下手。もっともっと顔を歪めて、笑えばいいのに。何でそこでもったいぶるかなぁ』と僕はいつも思う。人々にどうか伝えて、『もっと鏡を見て笑え！　練習から入りなさい』。そう伝えてください」

与志男：承知いたしました。笑顔を絶やさず、商売はお金を循環させることが成功の秘訣ですね。ガネーシャ様は、さまざまな障害を取り除くお力をお持ちだとお聞きしました。人間が障害に遭うことには、どんな意味があるのでしょう。

ガネーシャ「人間が障害に遭う時は、自分が落ち込んでいなくても障害に遭う。これは天からのチャンスと思えばいい。障害を持って生まれた人は、まわりにチャンスがあると思えばいい。まわりの人に学びを授けるために、その人は障害を持って生まれてきているから。障害を持たされた人は、自分に感謝をしないと落ち込んでいく。そして命を自分でなくしたり、また神様に『来なさい』と言われたりします。そして人間は、うーん、そうだねー、人々を忘れないで、一人だけではないと思うこと。すぐ人間は殻に閉じこもったり、部屋に閉じこもったりして、一人だと思ってしまう。そうじゃなくて、これがチャンスだと思えばいいのに、学びだと思えばいいのに、そして、鏡を見て自分のアホづらに笑いを提供すればいいのに、アハハハハ。そういうこと」

与志男：ガネーシャ様に願いを叶えていただきたい時、どんなお祈りを捧げると届くでしょう。

ガネーシャ「僕だけにくれるのではない。みんなそれぞれ信仰の神がいる。僕だけにお願いをしてもなかなか届かない。もちろん、んー、僕にお願いをしてくれる人は、僕はよくわかる。でも、それは一人ではないからね。神々はそれぞれそれを守っている。僕だけじゃないからね。僕がすべての願いを聞くわけにはいかない。だから僕にお願いごとをする時は、笑っていれば僕はわかるよ。そして『ガネーシャ』と言ってもらえれば、行くことはできるよ。だけど、お願いごとをすべて叶えるわけにはいかない。なぜなら人々の願いを全部叶えていると、その人は努力をしないだろう。すべて神に委ねるのは間違っているよね。だから僕は、うーん、ほどほどに見ている。特に日本人はいろんな神や動物を信仰しているから、僕はあまり入り込めなかったりする。神の世界も厳しいよ、日本は特にね」

与志男：すべての願いが叶うわけではない、多くの神々への信仰を日々深めることが大切なんですね。神様に嫌われる人間と好かれる人間の違いってどんなことでしょう。

ガネーシャ「あ、それはね、日本の神々に好かれるタイプと、インドの神に好かれるタイプ、この二つで言うと全く違う。僕たちは笑って過ごしている。そして厳しさはある。だけど日本の神々のように秩序を重んじたり、必ず『こうしなさい』ということはあまりない。日本の神々は、うーん、縦割りが厳しい。だけど私たちのような神はそうでもない。そして人間の心を信じて叶えるよりは、それぞれの役割を果たそうとしている神が多いので、人間にあまり惑わされることはない。急ぐこともない。日本の神々は常に急いでいる気がする」

与志男：インドの神様と日本の神様には、そんな違いがあるのですね。今、地球では疫病や食糧危機、戦争など、気候変動や災害など、ネガティブな状況が起こっています。これを乗り越えるために必要な知恵とは、どんなことでしょう。

ガネーシャ「うーん、それは、うーん、難しい。難しい。これは僕だけが〈笑え〉と言っても、乗り越えられるものではないかもしれない。うーん、計画の中の一つ。神々の計画の中の一つだから」

与志男：悪いことをする人間には「天罰が下る」って、昔から言われています。

ガネーシャ「下るよ！　僕だって悪いことをしたから天罰を受けたこともあるし、それは言えないけど。人間界もそれはある」

与志男：実際に神様が現世で、直接、その人間たちに罰を下すこともありますか？

ガネーシャ「人を使う、テレビを使う、本を使う、友だちの言葉を使う。だってさ、人間は神の言葉がわからないし、見えないから。神はそういうものを使って罰を与えたりするよ」

与志男：罪を犯した者へ社会全体で罰を与えるということですね。人が幸せに生きるために、最も大切なことを三つ挙げるとしたらそれは何でしょう。

ガネーシャ「うーん、僕の場合は『笑いなさい』と言いたい。『愛し合いなさい』と言いたい。そして『育みなさい』と言いたい」

与志男：育むというのは、愛情を育んだり、食べ物を育んだり、子どもを育んだりということですね。これから地球で生きていくために、人類に必要なことはどのようなことでしょう。

ガネーシャ「んーん、ちょっと待って。これまで僕はいろんなことを話してきた。『大切にしなさい』ということも。ここで改めて話すと、一番大切なことがわからない。時というものがあるからね。んーん、難しい……難しい時にきていると思ってください」

与志男：その時々で大切なことが変化しているということですね。とても勉強になりました、ありがとうございました。

神々との対話を終えて

石橋マリア

主人（石橋与志男）の守護神であり、すべての神様と繋がるガネーシャ様。仏教名は「歓喜天*注1」、「聖天」。富・学問・幸運を司る。父はシヴァ神、母はパールバティー*注2。数あるインド神話の神々の中でもひときわ異彩を放っている神様で、すべての富を運び、人間に知恵を授け、愛に満ちた生活をもたらす幸福の神として篤《あつ》く信仰されています。チャネリングの時は、いつも明るく、快活な声がけをしてくださいます。

主人の守護神は、年齢を重ねるごとに変化しています。小学生の頃は、父方の祖母でした。その後、薬師如来様*注3、千手観音様*注4、ガネーシャ様と聖母マリア様というように変化しているのです。

現在はガネーシャ様です。聖母マリア様は、私との結婚を機に私の守護神になりました。それは今から20年程前、クライエントさん数名とランチをしていた時でした。

突然チャネリングが始まり、聖母マリア様が「これから入ります」とおっしゃり、ビリビリと頭上から雷が落ちるような……いえ、違いますね。それよりもバリバリという裂かれるような電流が、私の体の上から下まで一直線に通過していったのです。

そこで私にこう言われたのです。

「マリアと名乗りなさい」と。私は天照大御神様から頂いた「瑠璃」という名前を手放し、名前を「マリア」としてスタートしたのはここからでした。

これまでのガネーシャ様のチャネリングの中で、私が大好きなものを掲載します。

短い人生にどうして苦しみを、また、病気をするのか考えてごらん。

「私がなりたかったのではない」という病気を。

とんでもない。あなたが選んで生まれてきたんだよ。

そしてその病気を与えられているからこそ出逢った人がいるだろう。気づいたことがあるだろう。これこそが君たちの使命。そこから愛を学びなさい。

何をそんなに考えているの？　明日のことを考えるよりも今日のことを考えてい

けばいいだろう？　今日を大切に生きれば明日のことは心配しないでいいよ。

考え過ぎてはいけない。わかる？　考え過ぎてはいけないよ。

毎日の生活を自分にとって楽しいものにしたいならば、一番大切な人にそれを伝えなさい。わかってもらいなさい。あなたが、その人と手を取り合うことでやっと楽しい一日が始まる。

夫婦の単位で生活をするということがこれからの地球上にいかに大切なことか夫婦で手を取り合いながら、プラスとマイナスを成長させ合うことが大切なんだよ。

まず君がわかってもらうことだ。そして心を開放することだ。

人のことを言う前に、まず自分を幸せにしてごらん。やわらかい心を保つようにしてごらん。

まずは一人の女性として学びを始めてごらん。楽しい毎日が始まるよ。そしてあなたの伴侶にしっかりと魂を磨くように言いなさい。

男ならばそのこぶしを持ち上げるべきだと言いなさい。そして君を幸せにすることだと言いなさい。あなたが幸せになればまわりが幸せになる。女性とはそういうものなのです。

子どもたちは、その子の人生を歩くために今の世に生まれてきている。心配などないんだよ。全部ＯＫ。全部その子たちが自分で選んだ道、正しい道なんてないよ。子どものことは心配し過ぎたりしなくていいよ。

どうだい？　それでも心配なら君が君の足元を見る、その習慣をつけなさい。自分がしっかりと大地に根を張って生きていけばいい。この国で生まれたことだけに感謝をして生きていけばいい。

どうして人間は子どもの心配をするんだろう。自分の生活をもっと楽しみなさい。心配はいらないから、毎日を楽しもう。笑って過ごそう。

人間はどうしてもっと軽く生きていかないのか？　人間がいかに人々に愛を与えてきたか、生活の中で愛を見つけたか、楽しく笑って暮らしてきたか、それだけだよ。

（チャネリング日／２００８年7月25日）

魂に必要な三つの感情

――解説：石橋与志男

私の守護神はガネーシャ様ですが、私の感覚では生まれ変わりという認識です。

ガネーシャ様の父・シヴァ＊注5は、ヒンドゥー教＊注6の最高神の一人で「破壊の神」であり、月や陰の神です。他の最高神には、「創造の神」とされるブラフマー＊注7、「維持の神」とされるヴィシュヌ＊注8がいらっしゃいます。

ガネーシャ様の母・パールヴァティーは、入浴の際に自分の垢でガネーシャ様を作られたのですが、それを知らない父のシヴァが「お前は何者か？」と、首から頭を切り落としてしまった。その後、自分の子だと知り頭をつけたのですが、それが象の頭だったのです。

ガネーシャ様は、その代償に神々との「繋ぎ役」というお役目を担います。簡単に言えば「電話交換手の力」を手に入れたのです。それにより多くの神々と繋がることができるようになりました。その力を使って、知恵や祝福などの力を与えることができる能力を身につけたのです。

ガネーシャ様は、日本では歓喜天とも呼ばれています。とにかくお笑いになる。魂には

「笑う」、「楽しむ」、「喜ぶ」という三つの感情が大切です。ガネーシャ様が「笑いなさい、笑いなさい、子どものようになりなさい」とおっしゃっているのはそのためです。

現世は「愛の世界」です。私たちの「魂」は、その「愛の世界」へ勉強に来ているのです。「左脳的に頭でっかちで堅苦しくではなく、右脳的に感情豊かに楽しくやりなさい」というのがガネーシャ様の考え方です。

感情を上手に使うことができれば病気にはなりません。このプラスの感情を使うことができれば、コロナや癌、膠原病《こうげんびょう》、リウマチなど多くの病気も良くなるのです。心を楽しくしないと精神的な病気にもなります。

「魂」で笑って、「心」を喜ばせて、「頭」で楽しむ。この三つがガネーシャ様の教えですね。

注釈一覧（ガネーシャ）

＊注1　**歓喜天**：仏教の守護神である天界の神。別名は聖天。ヒンドゥー教のガネーシャに相当する尊格で、ガネーシャと同様に象の頭を持つ。

＊注2　**パールヴァティー**：ヒンドゥー教の女神の一柱で、シヴァ神の配偶神。

＊注3　**薬師如来様**：仏教における信仰対象である如来の一尊。

＊注4　**千手観音様**：仏教における信仰対象である菩薩の一尊。

＊注5　**シヴァ**：ヒンドゥー教の最高神である三大神の一柱で、破壊、破滅を司る破壊の神。

＊注6　**ヒンドゥー教**：インドやネパールで多数派を占める宗教。三神一体（トリムールティ）と呼ばれる近世の教義では、中心となるブラフマー、ヴィシュヌ、シヴァは一体をなす三大神とされる。ヒンドゥー教徒の数は、インド国内で10億人、その他の国の信者を合わせると約11億人以上とされる。信者数では、キリスト教、イスラム教に次いで三番目の宗教。

＊注7　**ブラフマー**：ヒンドゥー教の最高神である三大神の一柱で、宇宙を創造した神。

＊注8　**ヴィシュヌ**：ヒンドゥー教の最高神である三大神の一柱で、宇宙を維持する神。

第三章

日本の神々からのメッセージ

PART 2

弘法大師《こうぼうたいし》

弘法大師

ここよりチャネリング

与志男：弘法大師様でいらっしゃいますか。お越しいただきましてありがとうございます。弘法大師様にお会いしたく、お願いごとをしにまいる時は、どちらに出向けばお話を聞いていただけますでしょう。

弘法大師「その両手を合わせると、そこにわたくしはまいります。場所はどこでも構いませぬ。人々が高野の地にまいることも有り難く受け止めております」

与志男：高野の地とは、高野山*注1のことですね。

弘法大師「はい」

与志男：高野山奥之院*注2の霊廟《れいびょう》*注3で、現在まで約1200年以上も禅定《ぜんじょう》*注4を続けているとお聞きしております。その禅定によってもたらされた究極の真理と言いますか、ご心境をお聞かせいただけますでしょうか。

弘法大師「今のわたくしに心は無し。すなわち心境無し。ただ屍《しかばね》として生きております。人々がわたくしを求めて、高野の地に足を運んでいただき、その方々がそれぞれのご家庭へと戻られる時にこそ、わたくしは喜びと思って神仏に手を合わせております。わたくしをここまでしてくださる方々に厚恩《こうおん》*注5感謝を持っております。わたくしにはそれだけで生きることが感謝と喜びになっております。手を合わせ、朝な夕なに神仏の唱えをさせていただける感謝の心をお持ちなさい」

与志男：弘法大師様は、四国の八十八ヶ所の地をお巡りになったとお聞きしております。現在でもその霊場をお遍路《へんろ》さん*注6と称し巡る人々が多くおります。実際、八十八ヶ所の霊場を巡られた理由とは、どのようなことでしょう。

弘法大師「はい。八十八ヶ所というものが存在して、その時からわたくしは興味を持ち、一つ一つの寺や地域を守り、ある時は水を求める者を連れて行き、ある時は病に苦しむ者を連れて行き、それがすべて八十八ヶ所と相成りました。なかった場所に寺を建て、そこで手を合わせる者もおります。八十八ヶ所というものは、その数字に込められたものもあり、人々が手を合わせる形でもございます。人々と共に歩き歌いながら、語りながら歩かせていただく。背中に乗り手を携える者もあり、今でも八十八ヶ所をまわる者たちは、悩みを置いていく者も多く、人々に励みを与えておる所存でございます」

与志男：ありがとうございます。弘法大師様が八十八ヶ所の巡礼の修練の旅をされていた頃とは違い、現在は各々の参拝目的も健康祈願、近親者の供養、健康増進、自分探しの旅など多様化しており、四国遍路の先々でその土地の風習に心が癒やされる者も多いようです。現在のそのような参拝目的の多様化をどのように思われますか？

弘法大師「本来の歩く目的は、それぞれにそれぞれの如来＊注7や菩薩＊注8、天＊注9、それぞれにおわしまして、そこにご挨拶をして守っていただく、また感謝をするということで、それぞれに作らせていただきましたが、今、そのような方々が道を歩かれても、わたくしは何とも思いません。それぞれが求めるものや、暮らしの中の悩みを持ち、別段、よろしいのではないかと思います。それぞれの時代や背景というものがございますので、それでよろしいかと思います。そこにわたくしは悟りを開いてほしいとは思ってはおりません。少しでも現世を離れ、道を歩く、また歩けぬ者は車で移動されても、別段、よろしいかと思います」

与志男：とても寛大なお言葉に感謝いたします。現在、お遍路の際の出《い》で立《た》ちは、頭に菅笠《すげがさ》＊注10をつけ、白衣《はくえ》＊注11を着て、そして輪袈裟《わげさ》＊注12、金剛杖《こんごうづえ》＊注13、経本、納め札、念珠（数珠）などを入れた頭陀袋《ずだぶくろ》＊注14を身につけることが定着しております。それらを纏《まと》うと自然と気持ちが引き締まります。当初からこのような服装でお遍路されていたのでしょうか？

弘法大師「わたくしが歩いておりました頃は、手甲《てっこう》＊注15、脚絆《きゃはん》＊注16、金剛杖、水を持ち歩き、ただその時の服装というものは、冬はどてら、夏は動けるもの。真っ白い着物を着るなどのこだわりはございませんでした。それと、必ず、行燈《あんどん》のようなものを持ち歩き、夜は野生のたぬきなどより、身を守るために、必ず、小さな灯を持って歩いておりました。ですので、今、皆さまが着ていらっしゃるような服装ではなかったと申し上げます。ただ、皆さまが少しでも純粋にという意味で、白いものを着ておられるのだと思います。同じく手甲、脚絆に菅笠を持ち、雨の日には木々につかまり身を守り、晴れた日には傘を差し、それぞれがそれぞれの思いで、歩かれるとよいと思います。杖はやはり年配の方には必要かと思います。わたくしは皆さまの服装というものは、気にはしていませんでしたが、皆さまは少しでもあの世とこの世を行き来するような格好で心も体も清めたいという意味で、白いものを着られておるのではないかと思っております。わたくしどもの時代からすると、結構な出で立ちということになります」

与志男：ありがとうございます。悟りについて、お教えいただけますでしょうか？

弘法大師「わたくしの悟りというものは、そうですね、もう随分、前のことになりますが、わたくしの弟子に、名前は伏せておきます。その弟子が女子《おなご》を孕《はら》ませたことがありまして、道を外れたと、皆から石を投げられまして、その時にその弟子は深く反省をして、しかし道を外れたのでわたくしたちから離れ、その娘さんのところに参りました。その娘さんは大層な涙を流し、申し訳なかったと謝っておられました。ですが、その弟子はその孕ませた娘さんに、愛情をたっぷりと与えて、幸せな家庭を持ちました。さて、わたくしどもと共に歩いた弟子たちは、仏の道を信じ歩くもの。途中で山に倒れる者もございました。そうするうちにわたくしは、そのどちらが幸せかということを深く考えさせられました。人間の道というのは、一つではないのではないかと、深く感じ入りました。そして、その弟子たちそれぞれの生き方に対して感謝をしたのでございました。そして、わたくしはハタッと気づいた、それがわたくしの悟りの第一歩でございました。人間というものは弱いもので、一人で悟りを開いていこうなどということは不可能、人で人を学び、そしてそれに気づいた時に悟りを開くことができるのだと感じ入りました。たとえ、弟子であっても、同じ人間。この弟子によってわたくしは悟りを開かせていただきました。そしてその孕ませた弟子の方向に向かって深く頭《こうべ》を垂れ、そして別の弟子たちの方へ向かい、『有り難い』と頭を垂れたのでございます。大したことではありませんが、これがわたしの悟りの第一歩でございます。ですから、皆さんがというわけではございませんが、どうぞ、まわりの方々に気を配ってそこから学ばせていただくこと、決して決して、滝に打たれたり、般若心経を何百遍と唱えたりすることから、悟りは開けぬとお思いくださいませ。人間である以上、日々の生活の中から、深く感謝の気持ちが湧いた時こそ、悟りの一つの門が開いたとお思いくださいませ。悟りというものは何段階もございます。一つの門を開くと、またもう一つ、悟りの門が待っております。その門を開くのか、素通りするのか、皆々さまにかかっております。わたくしはそこまでしか申し上げられませんが、皆さんが悟りを開かれるということは、悟りの門を開かれるとお思いくださいませ」

与志男：わたしは今、多聞天《たもんてん》＊注17の勉強をしております。これから私は何をもう少し勉強すればよろしいでしょうか。

弘法大師「多聞天の上には、菩薩道＊注18がございます。その上には如来道＊注19がございます。一つ一つ階段をお上がりください。菩薩は人々を癒やし、その道が極まると如来となります。如来の道は遥か彼方、まずは一つ一つ階段をお登りください」

与志男：承知いたしました。頑張って一つ一つ精進させていただきます。現在の弘法大師様のお役目をお聞きしたいです。

弘法大師「わたくしが役目というものを背負い、この世を去り、今こうして皆さまの前で話をさせていただくということにまずもって感謝の気持ちを伝えとうございます。人々はわたくしに好意を持ち、山奥まで来てくれ手を合わせ、そして人々の悩みをわたくしに伝え、その悩みを『少しでも軽うしてあげたい』と思っております。それとはまた別にわたくしが信じております『仏の道を皆さまにも伝えたい』と思いながら皆さまを『可愛らしく愛《いとお》しく』と思い、人々を眺めておる次第でございます。わたくしの使命と申すものは人々に仏の道を伝え、人々に『我が名前を呼ぶと神々や、また先祖、仏に繋がるものぞ』と教えているのが、まぁ、わたくしの使命と申すものでしょうか」

与志男：弘法大師様は、空海様とはまた違うお役目をされておりますね。

弘法大師「はい。同じ魂ながら人々がわたくしのことを『弘法大師』と呼んでくだされば、その魂で出で、『空海』と呼んでくだされば、その魂で馳せ参じます」

与志男：では弘法大師様に空海様のご質問をさせていただいても構いませんでしょうか、それともまた別の機会にした方がよろしいでしょうか？

弘法大師「わたくしは、今は『弘法大師』と呼ばれ馳せ参じておりますゆえ、『空海』と話がしたければ、『空海』とお呼びなさい」

与志男：かしこまりました。私は不動明王様や大日如来様や、母心も勉強しております。そして虚空《こくう》＊注20、無の状態や慈悲を学び、すべての者を助けていこうと思っております。そのような学びでよろしいのでしょうか？

弘法大師「はい、すべては人が決めたものではなく、己が決める道を真っ直ぐと、急がずとも真っ直ぐと進むのがよいかと思っております。あなた様がそう思われるのであれば、あなた様が作る道を長き道とするのか、太き道とするのか、己で決めて前に進まれるのがよかろうかと思います」

与志男：承知いたしました、真っ直ぐに己の道を進みます。仏様に聞き届けられる願いと聞き届けられない願いの違いはございますか？

弘法大師「聞かぬ。仏は聞き取る願いは持ち合わせてはおりません」

与志男：では仏様に好かれる人と嫌われる人の違いはございますか？

弘法大師「仏はいくつもの段階があり、『聞かぬ』と申し上げましたのは、亡くなってすぐの者も仏、修行を重ねておる者も仏なり。その段階に応じて聞く者もあれば聞かぬ者もあり、また男の仏もあれば女の仏もあります。そして好かれる者と好かれぬ者、それは仏の好みによると申しましょうか、人間と全く同じでございます」

与志男：仏にはいくつもの段階があるのですね。普通の人でも心を清く正しくあるために修行を望めば、やはり特別な能力と言いますか、精神状態を作ることは可能でしょうか？

弘法大師「それは可能だと思います。素直であれと、『野に放たれた鳥を見よ、地に這う蛇を見よ、そして飛び交う兎を見よ。すべてあなたの学びである』と思います。急がずともよいぞ。もう一歩、確実に歩けよなぁー」

与志男：承知いたしました。日本の神々は、特別な国である日本は、世界調和に貢献する使命があり、そのために本来、日本人が持つ大和魂に目覚める必要があるとお話しいただきました。それについてお教えいただけますでしょうか？

弘法大師「僭越ながらお話しさせていただきます。日本人というものは、それぞれに〈和〉をもって人々のことを思うことができる人間だと思っております。人々の〈和〉を保ちながら平和を願い、困っている者には手を差し伸べ、人間たるものに感謝をして、朝は食事をいただき、昼は汗をかき働く、夕べには食事をして手を合わせ、明日の活力とする。日本人の素晴らしさはここにあると思います。神々様のお話とは違うかもしれませんが、わたくしはそれを忘れてはならぬと思っております。朝な夕なに手を合わせ、仏の道を歩みなされ」

与志男：貴重なお話をありがとうございます。今、世界では疫病や災害、戦争をはじめとする多様なことが起こっております。地球をはじめ日本も危機的な状況が近づきつつあります。日本はこれからどのような国を目指していくべきか、お考えをお聞かせください。

弘法大師「うんうんうん、うんうんうん……それはのう、伝えてもよいかと上に聞いたところ、『伝えぬがよかろう』と申されました。人々の心が決めるものゆえ、『明るき道ではない』かと、そこのみ伝えましょう」

与志男：明るくはない状況が、これから続くとして、残されるべき者と言いますか、残って使命を果たさなければならないと考えて、己の力を発揮する者もいると思います。神様たちには、そうした者たちをお救いになるというご用意はございますか？

弘法大師「はい、あるそうでございます。人々の歩いてきた道が、思いのほか険しい道であることは伝えておきましょう。神仏に手を合わせ、心を清く清く持ち合わせ、来たるべきに備え、力を合わせ、家族仲良く過ごすことではありませんかのうー」

与志男：これから起こる明るくはない状況に備えることが必要ですね。日本人の魂を成長させるために、どのようなことを学び行動に移していけばよろしいのでしょう。

弘法大師「日本には富士の山というものがあります。その富士の山に登って見るのか、遠くから眺めて見るのか、人々は日常におき、実践をするのか、指をくわえて見ておるだけか、そこで大きな開きが出てきますなぁー。人々が生き延びたくとも生き延びられぬ過去世《かこせい》の者もあり、その者がこの先どう生きていこうとしておるのかも、神々は見ておられるようです」

与志男：弘法大師様、ありがとうございました。

弘法大師「この爺を呼んでいただき有り難きことでございました」

神々との対話を終えて

石橋マリア

弘法大師様は皆さまよくご存知の通り真言宗という宗派を開かれた方です。西暦804年に遣唐使の修行僧として唐の国（現在の中国）に渡られ密教を学び日本に戻られました。

四国には八十八ヶ所という修験の場がありますがその杖や、白衣、菅傘には「同行二人」と書いてあります。意味は「弘法大師と二人連れでお参りしていますよ。あるいは、させていただいていますよ」ということです。

これまで、数回チャネリングをさせていただいておりますが、弘法大師としてお話しなさいます時は、「しがない坊主でございます」とおっしゃり、とても謙虚でお優しいイメージの「お爺ちゃん」といった庶民的な雰囲気のお坊様です。

〈善と悪〉の勉強

——解説：石橋与志男

弘法大師様が何を言われているのかを簡単に解説しますと「いろいろなものと比較して自分はどうあるべきなのか？」という〈鏡の勉強〉ですね。要は勉強した上で、どう肯定的に取るかという勉強をされています。

お釈迦様の場合は、魂を子どもに戻して純粋な気持ちになりなさいという教えです。

弘法大師様の場合は、純粋な心を持った上でさらに「経験値や知識のある人を良い人」、逆に「経験値や知識のない人を悪い人」として、〈善と悪〉の勉強をしています。

私たちはそれを実践することで、森羅万象のすべてのものを勉強して〈真理〉を知るということになります。すべてのものはワンネス*注21という勉強をし、その中ですべてが神のご意志だということを学ぶのです。

それができないのは、こだわりを持っているからです。色即是空*注22の「あると思えばない、ないと思えばある」ということですね。要は「心を青空のように大きく広げて、自分のこだわった驕《おご》りをやめないと、また輪廻転生が起こるよ」ということを言われています。

例えば、私たちの体というのは〈家〉で、その中に魂が入っているとします。自分が、どのように〈家〉を動かすのか、思い方をするのか、それは〈善悪〉を決めることでもあります。その時にあなたの魂が悪魔的なことに対応しないようにすること。それが弘法大師様の考え方なのです。

注釈一覧（弘法大師）

＊注１　**高野山**：和歌山県北部、周囲を１０００ｍ級の山々に囲まれた標高約８００ｍの盆地状の平坦地に位置し、金剛峯寺を中心に１００寺以上の寺院が密集する日本では他に例を見ない宗教都市。京都の東寺と共に、真言宗の宗祖である空海（弘法大師）が修禅の道場として開創した真言密教の聖地。

＊注２　**高野山奥之院**：高野山の信仰の中心であり、弘法大師が御入定されている聖地。

＊注３　**霊廟**：特定な人物を祀る建物、祖霊を祀る施設をいう。他に廟《びょう》、または霊屋《たまや》、御霊屋《みたまや・おたまや》ともいう。

＊注４　**禅定**：仏教用語で、心が動揺することがなくなった一定の状態。

＊注５　**厚恩**：人から受けた深い恩恵。

＊注６　**お遍路さん**：約１２００年前に弘法大師が修行した八十八ヶ所の霊場をたどる巡礼者のこと。巡礼の旅は徳島からはじまり、高知、愛媛、香川の順に巡る世界的にも珍しい「回遊型」の参拝ルートが特徴。その道のりは約１４００㎞にも及び、すべての札所を巡拝することで願いが叶ったり、弘法大師の功徳が得られるとされる。

＊注７　**如来**：仏教で釈迦や諸仏の称呼。この上なき尊い者という意で無上士とも言われる。

＊注８　**菩薩**：菩提薩埵《ぼだいさった》の略。仏教において一般的には菩提（悟り）を求める薩埵（衆生＝人間をはじめとする生命のあるすべての生物）を意。

＊注９　**天**：仏教において天界に住む者の総称。

＊注10　**菅笠**：昔ながらの風流な竹笠。

＊注11　**白衣**：お遍路さんの正装で、背中に「南無大師遍照金剛」の文字が入る。

＊注12　**輪袈裟**：首から掛ける略式の袈裟で、札所で参拝する時には必ず身に着ける霊場参拝の正装具。

＊注13　**金剛杖**：弘法大師の分身といわれる杖。

＊注14　**頭陀袋**：経本、納め札、数珠などお遍路用品を入れる鞄。

＊注15　**手甲**：手の甲から腕まで被うもので、籠手などを含む手筒のこと。

＊注16　**脚絆**：脛の部分に巻く布・革でできたものなど。脛を保護し、物にからまったりしないようズボンの裾を押さえる。また長時間の歩行時には鬱血を防ぎ脚の疲労を軽減する。

＊注17　**多聞天**：毘沙門天《びしゃもんてん》のこと。仏教における天の仏神。持国天、増長天、広目天と共に四天王の一尊に数えられる武神。

＊注18　**菩薩道**：菩薩としての修行。自利・利他を兼ね備えて行う悟りへの実践。

＊注19　**如来道**：如来としての修行。

＊注20　**虚空**：何もない空間、大空のこと。

＊注21　**ワンネス**：スピリチュアル用語。自分も世界も一つであり、宇宙に帰結する存在という概念のこと。

＊注22　**色即是空**：『般若心経』にある言葉で、仏教の根本教理。この世のすべてのものは本来実体はなく、原因条件によって現象するという仏教の基本的な教義。

空海

くうかい

空海《くうかい》

……………………ここよりチャネリング……………………

与志男：空海様でいらっしゃいますか？　お越しいただきまして、ありがとうございます。高野山奥之院の霊廟《れいびょう》に、現在まで約１２００年も禅定《ぜんじょう》を続けているとされておりますが。

空海「（沈黙）………」

与志男：現在は高野山奥之院の霊廟にはいらっしゃらない。

空海「わたくし空海と申します。今は神上がり＊注1をして高野山にはおりません。高野山はすべてわたくしの別の魂である『弘法大師』として任されており、わたくし空海としましては人間界にはおりません」

与志男：人間界にはいらっしゃらないのですね。現在はどのようなお役目をされているのでしょう。

空海「はい。仏門に入った若き魂の神上がりをさせていただき、神の世界のことも話をし、仏門に入った若き魂の神としての教えをしておるところでございます」

与志男：ということは、私たちは神仏というのですが、不動明王や大日如来《だいにちにょらい》＊注2は仏様、神と……。
空海「えー、お待ちください。不動明王と大日如来……？」
与志男：仏様と呼んでよろしいのでしょうか？
空海「読み方は違えど神々と同じです。大日如来は神上がりをしております」
与志男：虚空蔵菩薩《こくうぞうぼさつ》＊注3様は？
空海「虚空蔵菩薩も神上がりをされております。そして不動明王殿、神上がりをされております」
与志男：だからこんなにお優しいのですね。私は空海様、弘法大師様について勉強をしました。そして虚空蔵菩薩様の勉強もしておりました。いろいろなことを聞いて、知識として学びたいと思っております。
空海「何か聞きたいことがありますか？」
与志男：はい、空海様の境地を私に授けていただきたいです。
空海「見て取れ！」
与志男：はい、承知いたしました。
空海「常に我を見失わず、欲を捨て人々を思い、親に感謝をし、太陽を仰ぎ、恥ずかしくない毎日を送る。わたくしが仏として学んだことは本当に序の口でありました。我の中こそ何もなく、空《くう》である、そこが大切なところ。空であることは、すべてすべてのものが蓄えられるということにもなり、欲を捨て授かるもののみ、有り難いと思い受け入れる。悩み苦しむ人間の道を離れ、神上がりをすると、こうまで清々しくなるのかと思っております。苦しみ苦しみ抜く、そういうことが『美徳ではない』と学んだ次第でございます」

与志男：西洋では唯一神となる神が複数いらっしゃって、そのために神様同士がぶつかって戦いを起こします。日本の場合は、仏様や自然霊が横一列でおられます。私も最近は、自然とすべてを受け入れようと思っております。

空海「『手放せよ、手放せよ』、受け入れるということはそういうことにもなります。受け入れることを学べば、手放すことも学べる」

与志男：はい、承知いたしました。これからの日本が世界を導くと思っております。若い人がこれからの日本を変えるためには、この教え、神仏の教えを説きたいと思っております。空海様が若い人たちや日本を軽んじる人たちに、何か伝えたいことはございますか？

空海「久方ぶりに話をさせていただきます。『求めるばかりではなく人々を愛するまたは人々を思う、そして慈しみ尊ぶことを忘れている若者が多過ぎるということです。皆さまも気づいていらっしゃると思いますが、言葉遣いの悪さ、男女の区別もなく語る、その言葉の荒さ。言葉を発するということは奇跡なのでございます。明日の朝、命がないかもしれない。そう思えば今日に感謝をし、口から入れるもの、耳から聞こえるもの、この五臓六腑《ごぞうろっぷ》＊注4すべてに感謝をすべきです。たった一つだけでもよい、感謝をすることを学ばせたい。親にも感謝をし、夫婦、子ども、隣人すべてに感謝をする。そしてこの世の中で尊いものは、「命」、「言葉」、この二つを上手に使い、人々に幸せを分けてあげなさい。言葉かけ一つで救われる者もおれば、奈落の底に突き落とされる者もございます。使い分けをし、相手のことを思い、その喜びを自分の喜びとする、そういう日常であれば尊いものの』」

与志男：とても有り難いお言葉を頂戴いたしました。空海様は、超能力者として特別な伝説が数々ございます。現世で説法されていた時も、そのような超能力をお使いになっていたのでしょうか？

空海「そうですなぁー、鳥を呼ぶことはできます。鳥と話すこともできます。水を湧かすこともできます。雲、風を呼ぶこともできます。それは修行の賜物《たまもの》だと思っております」

与志男：素晴らしいですね。どのような修行をして、それを会得されたのですか？

空海「普通のこと。『座れ』と言われれば座る。ここに『一年座れ』と言われれば一年座る。物を『食うな』と言われれば一年食わぬ。そうこうしているうちに夜が来て、闇の中から人の声がする。人の声がしても耳をかさぬ。振《ぶ》れぬ魂を持つ、そうこうしているうちに鳥が話しかける。鳥が言っていることがわかる。すると鳥が鳥を呼ぶ、木の実を目の前に落としてくれる。するとそこに猿が来る。猿が木の実を持っていく。木の実を持っていったお礼にと違う食べ物を山ほど持ってきてくれる。そして水も汲み飲ませてくれる。よいか、人は自分一人で生きているのではないのだぞ。慈しめば返してくれます。それは超能力といったものではない。人々は必ず持ち合わせておるものです。耳を閉じ、目を閉じておると何にもわからんではないですか？　目を開き、心の窓を開き、耳も開くと、いろいろなものが見えてまいりますぞ。それは普通のこと。人間には備わっている普通のこと」

与志男：大変深いお言葉ありがとうございます。空海様は讃岐で生まれ、土佐の室戸岬で修行をしたと聞いております。その後、どのような場所でご修行をされたのでしょう。

空海「天竺《てんじく》にも渡りました。そしてそこから帰るのが困難でございました。長い年月をかけ、人々を携え戻ってきました。日本国では、今で言う、茨城、金沢、島根、佐賀、鹿児島、大分をまわりました」

与志男：多くの土地で修行されたのですね。虚空蔵求聞持法《こくうぞうぐもんじほう》*注5を空海様に伝えたのは勤《ごん》操《ぞう》*注6様ですか戒明《かいみょう》*注7様ですか？

空海「本当のことを話してもよろしいか？」

与志男：はい。

空海「戒明殿でございます」

与志男：当時、そのことは隠しておくべきことだった。

空海「いや、それはない。ただ現在においてはどうかと思いましてなぁ。すべて少しずつ仏界の者も、平らけく安らけく*注8神上がりをして存じます」

与志男：はい。日本人の魂を成長させるために、今どのような心得が一番必要でしょう。

空海「簡単なことを、皆、忘れておりますぞ。人が人を思う気持ちがないので、人を思う気持ちを持たせようと騙される者も多く見受けられます。人々の本質を見抜く力をつけてあげなさい。人々は欲しておりますぞ」

与志男：その真実を見抜く力というのは、どのように養っていけばよろしいのでしょう。

空海「友が必要なのです。現在の人間は互いの目を見ず、話もせず、聞いたことを信じる者が多過ぎ、それをまた伝え、間違えて伝わり、それが友だと信じる。これではいつまで経っても人間のよさが出てきません。人々を思うのであれば、しっかりと目を見て本当のことを、たとえそれが間違っていてもその人にとってこれが一番だと思うのならば、きちんと話をしてあげることが、『今は大切ではないか』と思います。人々には血が通っておりますが、対話がなく人々に会うこともできず、この血が通った生活ができぬまま人々が成長し、それでは日本国がどうなっていくのか推して知るべし」

与志男：まずは人間同士が心を通わせることですね。

空海「はい」

与志男：そしてこの難局を乗り切っていかねばなりませんね。

空海「気持ちを切り替えれば成る。簡単なことなのに、人が人を疑い、難しく難しく考えるようになってきております。しがない坊主の身から空海と呼ばれるものになってから、悩める日もございました。皆さまに、もし話が通じるならばでございますが、足元を見ずして遠くの山の景色だけ見つめると、そこに、行ってみとうなりますなぁ。だがしかし、己の足元が沼地、それを知らずして遠くの山に登らんとするは、愚の骨頂。まずは、自分を知り、人を知ることからはじめようではございませんか、難しいことは何にもありません。隣に行き戸を叩く、元気でいるか否か声をかける前に、己の心は元気でおるか否か。元気でおらぬ者が元気かどうか戸を叩くのは、どうであるかのう。まずは、己の思いを見つめて見られるがよかろう。右をごらん、右にいる者は、仲間でございます。左もそうでございます。同じ姿形をしている人間でございます。ここに、素直な自分がおるかどうか考えてごらんなさい。『自分の年を一つ、二つと数えるうちに、何だか勘違いをしておられませんか？』。還る時は裸。人様に喜ばれる人生を送られるがいいですなぁ。空海と呼ばれて我もまた、少し少し自惚《うぬぼ》れがあったかもしれませんなぁ」

与志男：難しく考えず、自分を知り、人を知ることからはじめるということですね。凡人には空海様のような修行は、難しいかとは存じますが、毎日、手を合わせて、神々に感謝の気持ちを伝えることが大事ですね。

空海「清い心でなぁ」

与志男：はい、承知いたしました。南無阿弥陀仏《なむあみだぶつ》＊注9と南無妙法蓮華経《なむみょうほうれんげきょう》＊注10とは、どのような気構えで唱えたらよろしいのでしょう。

空海「『南無阿弥陀仏』は、これは心を鎮め夕べに手を合わせ、感謝をし、阿弥陀如来様の尊きお力をもちて、『今日も過ごさせていただきました』という気持ちを持ちて唱えるのが、この南無阿弥陀仏であります。『南無妙法蓮華経』と申します言霊《ことだま》＊注11は、朝日に手を合わせ、人間が『今日も一日、感謝をして生きていきます』という心根を持ちて、真っ直ぐに清き心を持ち、南無阿弥陀仏の感謝を背に、南無妙法蓮華経を前に持ちていく。これほどの違いがございます」

与志男：とても勉強になりました、ありがとうございます。私は修行をさせてもらったのですが、そこでマリア様が大日如来様になられたり、また大日如来様の仏様の仏像が行く途中で、天女だったり、そして仏像が天女の羽衣を使ったこともあったし、今は日輪の仏様がいらっしゃるのも見えたのですが、あれはどういうわけで見えたのでしょう。

空海「はい。あなたにも見えましたか？　それは神々からあなたが遊ばれたということです。それほど、あなたを『愛しい』と思っていらっしゃるのです。あなたがそう見えたということは、あなたに多くの期待をしておったのでしょうが、わたくしもその昔、見えておりました。しかしながらわたくしが見たものは、マリア様ではありませんでした。観世音菩薩《かんぜおんぼさつ》*注12でございました。観世音菩薩は尊く優しく、また大日如来も同じことです。神々はその人によって姿を変えます」

与志男：大変有り難い教えを頂戴いたしました、ありがとうございました。

神々との対話を終えて

石橋マリア

たった今、空海様のことを考えていたら、私の手を借りて空海様が自動書記＊注13にてPCに打ち込まれました。

これが、その全文になります。

その昔、空海が大蛇に問うた。
「お前の目は見えぬのか？　尊き目玉を持ちながら、どうしてお前は見えぬのじゃ？」
その大蛇は、どう答えたか？

「私には目はありません。私の口をごらんなさい。こんなに立派な赤い口がございます」と、ぱっくりと口を開けました。

その口元を見据えるとその口元からぽたりと垂れた猛毒一滴。

空海は、「さてはこの大蛇、わしを食うつもりじゃな」そう思い、この大蛇に向かってこう言いました。

「わしを食ってどうする。しがない坊主だがわしの後ろには何万という坊主がついておる、わしを食らうとその坊主たちがお前の子孫を地獄に落とすぞ。それでもいいなら食らいつけ」

その大蛇、恐れおののき一目散に山を下りていった。

私は右の肘から指先までをお預けして、筆記による自動書記もできますが、今、初めてPCでの自動書記をすることができました。我ながら驚きでした。

一を聞いて百を知る

解説：石橋与志男

空海様は、讃岐国多度郡《たどぐん》で生まれました。幼名は真魚《まお》です。15歳頃には、論語、孝経《こうきょう》*注14や史伝*注15なども勉強されて、18歳の時に京の大学寮《だいがくりょう》*注16に入られ、24歳の時には儒教、道教、仏教を学び、そして31歳の時には中国の長安へ修行に行かれました。32歳からは「空海」と名乗っています。若い頃に「空のように海のようになりたい」と思われたのでしょうね。それで「空海」と名乗ったのではないでしょうか。

空と海のようにすべてのものを認めたり、愛情を持ったり、敬意を払えば、そのすべてのものが応えてくれるのです。これを多聞天というのですが、いろんなものが聞こえてくるのです。空海様はいろんなものを聞いて「一を聞いて百を知る」ということをされたのです。

三次元の人間界、四次元の霊界、そして五次元の仏界に行くと仏様、お不動様がいらっしゃいますが、もう一つ上の次元の仏界には、観音様がいらっしゃる。さらに上の次元には、如来様がいらっしゃいます。

もっと上に行けば、神界でギリシャの神様などがいらっしゃいますが、さらに上の天上界に行くと、自然霊と言われる大国主命《おおくにぬしのみこと》＊注17や天照大御神、海の神・大綿津見神《おおわたつみのかみ》＊注18、川の神・八大龍王《はちだいりゅうおう》＊注19、山の神・大山津見神《おおやまつみのかみ》＊注20などがいらっしゃいます。

神上がりとは、観音様や仏様たちの格が上がり、次の次元へ上られることですが、空海様の別の分身である弘法大師様は人間界へも降りている。でも空海様は拡張し続けていて、どんどん大きくなっている。自然霊の神様のレベルまで来ている。神界よりも上の天上界ですね。

「自分と他者の違いを勉強しなさい」というのが空海様の教えで、色即是空の「空」というのは宇宙ですから、「全宇宙と繋がるような魂を持ちなさい、心を持ちなさい」というのが空海様の考え方ですね。

注釈一覧（空海）

＊注1　**神上がり**：天上界での格が上がること。

＊注2　**大日如来**：大日とは「大いなる日輪」の意味。万物の母であり、宇宙の中心・真理とされる。真言密教の教主である。

＊注3　**虚空蔵菩薩**：大慈大悲の菩薩。空海が室戸岬の洞窟・御厨人窟に籠もって虚空蔵求聞持法を修したとい

う伝説はよく知られている。

＊注4　**五臓六腑**：東洋医学で人間の内臓全体を言い表す時に用いた言葉。「五臓」とは、肝・心・脾・肺・腎。「六腑」とは、胆・小腸・胃・大腸・膀胱・三焦を指す。

＊注5　**虚空蔵求聞持法**：決められた作法により虚空蔵菩薩の真言「ノウボウ　アキャシャ　キャラバヤ　オン　アリキャ　マリボリ　ソワカ」を1日1万回ずつ100日かけて100万回唱えるという修行法。

＊注6　**勤操**：奈良～平安時代の僧。奈良の大安寺で三論宗を学んだ。

＊注7　**戒明**：奈良大安寺の慶俊《きょうしゅん》に華厳《けごん》を学び、唐に渡った奈良時代の僧。

＊注8　**平らけく安らけく**：「穏やかで安らかであれ」の意。

＊注9　**南無阿弥陀仏**：阿弥陀仏に帰依するという意味。六字名号のこと。

＊注10　**南無妙法蓮華経**：「法華経の教えに帰依をする」という意。これらの文字を五字七字の題目とも呼ぶ。

＊注11　**言霊**：言葉が持つとされる霊力。言魂《ことだま》ともいう。

＊注12　**観世音菩薩**：仏教の菩薩の一尊。観自在菩薩《かんじざいぼさつ》など多数の別名がある。一般的に「観音さま」として親しまれている。

＊注13　**自動書記**：何かが憑依することで、自分の意識とは無関係に文章を書き綴ってしまう現象。

＊注14　**孝経**：孔子と曽子が儒教の重要概念である「孝」について問答した書のこと。

＊注15　**史伝**：歴史上の事実に基づいて書かれた伝記のこと。

＊注16　**大学寮**：律令制のもとで作られた式部省（現在の文部省にあたる機関）の官僚育成機関のこと。

＊注17　**大国主命**：日本神話に登場する国津神の主宰神のこと。

＊注18　**大綿津見神**：日本神話に登場する海の神のこと。

＊注19　**八大龍王**：仏教守護の天龍八部衆に所属する竜族の八王のこと。

＊注20　**大山津見神**：日本神話に登場する山の神のこと。

不動明王

ふどうみょうおう

不動明王《ふどうみょうおう》

……………… ここよりチャネリング ………………

不動明王「んんんんんんん……。ウォーアー」

与志男：不動明王様でしょうか？　お越しいただきましてありがとうございます。今、人間が振《ぶ》れ過ぎています。不動明王様の優しさをもって、そして不動をもって、そして人々の意識を変えたいと思っております。

不動明王「なぜじゃ、なぜじゃ、うぇー」

与志男：今、日本が変わらないと世界が終わりますので、不動明王様の慈悲と優しさと強さ、それを是非、人々に広く伝えたくお呼びいたしました。

不動明王「それをどうして伝える？　己が思いを述べよ」

与志男：日本人の心を、魂をドーンと構えさせて、不動明王様の魂を、そして私たちの魂の親である不動明王様、仏様の力を使い、人々に軸を持たせたいと思っております。そして、家族や地域、親のために、人々の想いをより深く変えたいと思っております。そして世情のすべてのものを助けたいと思っております。

不動明王「お前に、お前にやれると思うか？」

与志男：はい、やります。ご指導をお願いいたします。

不動明王「我に背中を見せよ、我に背中を見せよ」

与志男：（背中を向ける）

不動明王「その背中に刻印を押すぞ。よいかー」

与志男：はい。

不動明王「んんーん、んんーん、んんーん、この刻印ならば見定めてー、唱えよ、唱えよ。我が真言[*注1]、これでよかろう」

与志男：はい。

不動明王「我が真言を唱えてみよ。『♪ノウマク サンマンダ バサラダン センダンマカ ロシャダ ソハタヤ ウンタラタ カンマン♪[*注2]』」

与志男：はい。

不動明王「真言を唱えれば、直《ただ》ちにその効力を出すぞー、よいかー。この世を守りたくば、我が心根を正しくもちて真言を唱えよ」

与志男：はい、有り難く使わせていただきます。人間はよく悪いことをするとバチが当たると昔から申します。所業や心得が悪い人間に対し、不動明王様が現世で罰を下すことはございますか？

不動明王「ないのぉー。心根が悪き者は、こちらに来てから罰を与える」

与志男：現世では罰は下さないのですね。日本には不動明王様を祀っている神社仏閣が大変多く存在いたします。

不動明王「我を求めるのかぁー。我らはのぉー、場所を厭わず、人間の考えとは違うのぉー。人が我を呼ぶとそこには行かず、我は不動じゃぞぉー。動かぬ者ぞぉー。そなたの心の中に動かぬものがあれば、そこに我は行き、そなたを励まし、また虐《いじ》められる子どもがおれば、その子どもの心の中に入り力を与える。人は我を怖れるがのぉー、決して罰は与えぬぞぉー。秤《はかり》に量《はか》ることはあるがのぉー」

与志男：罰は与えない、しかし秤で量るのですね。不動明王様が、今、人間に対して許し難いと思われることはございますか？

不動明王「男と女じゃー、男を男とも思わず女を女として思わず、取り扱う者こそ腹が立つ。男に生まれて男の学びをせず、女に生まれて女の学びをせず。親を親と思わず、子を子と思わず、人々が人々のことを嫌いになることこそ、罪よのぉー。その罪はこちらに来た時に秤に量るぞぉー」

与志男：人間の尊厳や慈しむ気持ちが失われるのは許し難いですね。では人間が魂を磨くために大切なことはどのようなことでしょう。
不動明王「己の魂か？」
与志男：はい。
不動明王「人々には魂というものが一つではなく、二つ、三つ、四つあるのだぞぉー。その魂を己がどう使うかによって、その者の幸せが違ってくるというもの。魂こそ輝かせておれよぉー。その魂のどれを選ぶかによって、己の不動の数が違ってくるぞぉー。『夢を求めよ、夢を求めよ、心を真っ直ぐにして己の夢を求めよぉー』。夢を求めんとすれば、人々を助けることができる。そういうものだぞぉー。すべて行われたことは、『水に流せ、水に流せー』、心に抱き留めるでないぞぉー。『水に流せ、水に流せー、清き心で水に流せ』、留めてはならんぞぉー」
与志男：承知いたしました。自分の罪や穢れを祓うには、どのようなことを心掛けて日々生活をすればよろしいでしょう。
不動明王「罪や穢れを〈流す〉と思う前に、罪や穢れを〈作らぬ〉ことぞぉー。流そうとするのではなく、作るなぁ、作るなぁ」
与志男：はい、まずは罪や穢れは作らないように心掛けるべきですね。日本人は感謝の気持ちを忘れず、罪を作らず、嘘をつかず、真っ直ぐに子どものような心で、人のためを思い生きていくということが大切なのですね。

不動明王「うんーん、その通りじゃ」

与志男：深いお言葉を有り難く頂戴いたします。

不動明王「励めよぉー、励めよぉー」

与志男：先ほど、現世では「決して罰は与えぬぞぉー」とおっしゃいました。けれども邪悪なものを阻止されているかと存じます。その意味では、現世での罰は与えないけれど、罪を犯した者へ、その者の気づきや反省を促すことは、あるのではないでしょうか？

不動明王「いや、気づきなどというようなものはない。その者の人生を厳しくしていくことしかしない」

与志男：人生を厳しくするとは、その本人が悟らざるを得ない状況に追い込んでいく場合もあるということですね。

不動明王「やり方は、その者によるが悟りを開くものは、なかなかおらぬ。それぞれの魂の形だからのぉー。子らは可愛いぞぉー。子らは遊べよぉー、大きく育てよー」

与志男：はい、ありがとうございます。では真言を唱え、お不動様の有り難いお言葉を思い返し、実直に生きていこうと思います。現在、疫病や災害、戦争をはじめとする困難な事象が起きております。日本人が目覚めるにはどのようにすべきでしょう。

不動明王「我が魂を見つけることじゃのぉー。人々に頼らず自分の力をもちて、右足と左足を交互に出し、右手左手に感謝をして、我を求めることじゃのぉー。簡単なことに気づかぬ者が多過ぎる。我はまた愛《いとお》しく思う子どもらに、『せらーせらせらせらせらせらせらせら』、汗水出して働かせ、また我のところに戻ってくるために、人々に笑顔をもたらす者こそ良しとする」

与志男：不動明王様に好かれる人間というのは、今、おっしゃったような心根の人ですね。

不動明王「そうじゃ、そうじゃ、生まれたての赤ん坊から小さき子どもが好きでのぉー。純粋無垢な心根を持つ者が好きでのぉー。人は育てれば育てるほど、そうはいかんものじゃけどのぉー。人々は我を求めて手を合わせて徳を求めてくるがのぉー、お陰信仰*注3ではあらぬぞぉー」

与志男：承知いたしました、日々精進させていただきます。

神々との対話を終えて

―― 石橋マリア

不動明王様は、迷いから煩悩を断ち切って皆さんを守ってくださる方です。ヒンドゥー教*注4のシヴァ神*注5の化身とも言われています。「お不動さん」と呼ばせていただくと親近感が湧きますよね。

私は幼い頃からお不動様が好きで、母に連れられて心臓疾患を持つ母の代わりに「お百度参り*注6」をしたり、「百万遍*注7」をやったり、また、お不動さんがいらっしゃるお滝場にて滝行をしていました。そんな時、いつも優しく見守ってくださったのはお不動様でした。大人になってからも、数回滝行をしましたがその都度、お不動さんが話しかけてくれました。余談ですが、読者の中にはご存知の方もいらっしゃると思いますが、滝場では滝に打たれながら「般若心経」を唱えます。

私もそうです。ですが、私が唱え始めると決まって「般若心経」が「祝詞*注8」に代わるんです……必ず、いつも。

それは仏界ではなく、私が神界との繋がりが強いことを意味します。

〈真言〉と四つの魂について

――解説：石橋与志男

不動明王様に刻印を押していただきました、感謝です。施術などに活用していきたいと思います。この刻印は〈真言〉を唱えると開くのですが、〈真言〉は唱え方が三つあります。一つは一般的な一字咒《いちじしゅ》で、「ノウマク サンマンダ バザラダン カン」と唱えます。二つ目は障害を取り除き、願いを叶えてほしいと不動明王に祈る言葉の慈救咒《じくのしゅ》で、「ノウマク サンマンダ バサラダン センダン マカロシャダ ソハタヤ ウンタラタ カンマン」です。三つ目はすべての魔を焼き払い、降伏させ、あらゆる願いを叶える火界咒《かかいしゅ》で、「ノウマク サラバタタ ギャテイビャク サラバボッケイビャク サラバタタラタ センダマカロシャダ ケンギャキギャキ サラバビギナン ウンタラタ カンマン」と唱えます。この三つを上手に使い分けて活用していかないといけないですね。

不動明王様は「人々には魂というものが一つではなく、二つ、三つ、四つとある」とおっしゃいました。スピリチュアルをご存知ない方は、魂は一つだけだと思ってはいませんか？

実は不動明王様がおっしゃるように魂は四つあります。それは荒魂《あらたま》＊注9、和魂《にぎたま》＊注10、幸魂《さきたま》＊注11、奇魂《くしたま》＊注12の四つです。

では四つの魂とは、人間の体のどこにあるのか？　具体的には、荒魂は肛門と尾骨の間にあります。和魂は脾臓のところに、幸魂は心臓に、奇魂は下垂体のところにあります。

またこの四つの魂には、男女の性別があります。

例えば、四つの魂の全部が『女』なら、とても女性らしくなります。逆に全部が『男』なら、とても男性らしくなります。また幸魂に近い和魂のみ『男』で、残り全部が『女』なら、この人は女性だけど、男性らしくなります。これが逆に幸魂に近い和魂のみ『女』で、残り全部が『男』なら、この人は男性だけど、女性らしくなります。

要するに「心」の性別というのは、「和魂」によるところが大きい。四つの魂の基本は幸魂ですが、その幸魂は和魂の影響を受ける。だから和魂が『男』か『女』かによって、男性らしくなったり、女性らしくなったりするのです。その人が家庭や社会で育ち成長していく上で、幸魂がどちらへ向いていくのか？　これが男性らしさと女性らしさの秘密です。

その意味で、不動明王様が「その魂を己がどう使うかによって、その者の幸せが違ってくるというもの。魂こそ輝かせておれよぉー」と、おっしっゃたのは、そのためです。

注釈一覧（不動明王）

＊注1　**真言**：仏の真実の言葉、秘密の言葉のこと。真言には、「小呪《しょうじゅ》・一字呪《いちじしゅ》」、「中呪《ちゅうじゅ》・慈救呪《じくのしゅ》」、「大呪《だいじゅ》・火界《かかい》呪《しゅ》」と長さの異なる三種類がある。

＊注2　**ノウマク サンマンダ バサラダン センダン マカロシャダ ソハタヤ ウンタラタ カンマン**：三種類ある真言の唱え方の一つで、中呪《ちゅうじゅ》・慈救呪《じくのしゅ》と呼ばれるもので、不動明王を祀るお寺でよく唱えられている。

＊注3　**お陰信仰**：「お金が儲かる」や「病気が治る」など、これを拝めば必ずご利益があるという信仰のこと。

＊注4　**ヒンドゥー教**：インド国内で約10億人が信仰する民族宗教。自然崇拝が基本で、シヴァ・ヴィシュヌ・ブラフマーの三大神が信仰の中心で、信者の数では、キリスト教、イスラム教に続いて、世界で三番目の宗教である。

＊注5　**シヴァ神**：インドの三大神の一柱で、「創造と破壊の神」といわれ、二つの側面を持っているとされる。

＊注6　**お百度参り**：神仏に祈願するために同一の社寺に百度参拝すること。

＊注7　**百万遍**：各種の祈祷を目的として念仏を百万回または無限に繰り返し唱えること。

＊注8　**祝詞**：神道の祭祀において神を祭り、神前で唱える言葉。

＊注9　**荒魂**：荒ぶる魂のこと。

＊注10　**和魂**：優しく平和的な魂のこと。

＊注11　**幸魂**：運によって人に幸を与える魂のこと。

＊注12　**奇魂**：奇跡によって人に幸を与える魂のこと。

卑弥呼

ひみこ

卑《ひ》弥《み》呼《こ》

ここよりチャネリング

与志男：卑弥呼様、お越しいただきましてありがとうございます。

卑弥呼「ありがとうございます、陽の巫女と申します」

与志男：よろしくお願いいたします、卑弥呼様にいくつか伺います。中国の歴史書『三国志』の中の『魏志倭人伝《ぎしわじんでん》』*注1に、邪馬台国《やまたいこく》*注2と卑弥呼様の記述がございます。邪馬台国は、二世紀から三世紀頃に、倭国《わこく》*注3に存在した国の一つで、その際に女王・卑弥呼様を中心にした、伊予国《いよこく》*注4などの約30ぐらいの小国からなる連合体ではないかと言われております。それは事実でしょうか？

卑弥呼「はい。まとめ上げ、『人々に豊かな暮らしをさせたい』と願っておりましたが、末端までは気持ちが届かず、申し訳なかったと思っております」

与志男：歴史学者の間では、邪馬台国があった場所に関して、畿内説と九州説とがございます。邪馬台国の所在地はどちらでしょう。

卑弥呼「わたくしは九州で生まれました」

与志男：そうしましたら邪馬台国は九州にあったと？

卑弥呼「肥後＊注5の国をご存知か？」

与志男：はい。

卑弥呼「肥後で生まれ、尊き両親のもとを去り、昇り上がりました。そこでそれぞれの国から有志を集め、今で言うところの大阪を通り、奈良、和歌山まで行った記憶がございます。その流れの中で邪馬台国と名乗り、『ヤマタイコク』というよりは、わたくしが名乗っておりました国は、『ヤマトタイコク』でございます。人々を許し、中には陥《おとしい》れ辱《はずかし》めた者もおりますが、一人、二人と集いて村を作り、それぞれに分け与え暮らしておりましたが、如何せん、女子《おなご》でありましたので、思い上がり失敗をいたしまして、命を取られました」

与志男：命を取られた？　以前、お聞きした際に、「大和の国を自分の国にしようと思った」と伺いましたが、それが今のお話ですね。

卑弥呼「はい」

与志男：肥後の上のあたりに邪馬台国を作り、北上して現在の大阪にあった大和の国へと侵攻する中で命を取られたということですか？

卑弥呼「多分、没しましたのは奈良の地だと思います」

与志男：奈良には大神《おおみわ》神社や三輪山がございます。あの辺りでしょうか？

卑弥呼「池がありました。そこで命を取られました。味方からでございます」

与志男：えっ、味方にですか……その場所は池だった。その者の名前を教えていただくことはできますか？

卑弥呼「（首を横に振る）……」

与志男：命を落とされたのは、奈良盆地のどちらかですね。周囲は青垣《あおがき》＊注6に囲まれておりましたか？

卑弥呼「はい」

与志男：それはさぞかし無念だったかと存じます。先ほどのお話に戻りますが、邪馬台国を建国し、大和の国を目指し、大阪、奈良、和歌山まで行ったとおっしゃいましたが、もう少し詳しく教えていただけますでしょうか？

卑弥呼「はい、わたくしが開きました邪馬台国は、今で言うところの肥後より北上いたしました所。北へ北へと上り、まずは、今のなごや港から船に乗り、わたくしは今で言う大阪港へと降りました。別の者たちは陸地より北上いたしました。そして合流いたしました地点は、今で言う奈良県になります。その時の勢力は3万8千人程だと承知しております」

与志男：3万8千人もの兵力で、大和の国へ攻め上がったのですね。「なごや港から船に乗り、大阪港へと降りた」とおっしゃいましたが、なごや港とは、今で言う奈良県と静岡県の間に位置する愛知県の名古屋でしょうか？

卑弥呼「いえ、今で言う九州の名護屋《なごや》＊注7港になります」

与志男：なるほど、佐賀県の名護屋港ですね。そこから大阪へ向かった。

卑弥呼「はい、その通りです」

与志男：中国の歴史書『魏志倭人伝』の記述に、邪馬台国の女王・卑弥呼様に対して、景初2年（西暦238年）に魏国の皇帝・曹叡《そうえい》より親魏倭王《しんぎわおう》の封号《ほうごう》＊注8を与えられたとありますが、それは事実でしょうか？

卑弥呼「はい、確かにいただいております」

与志男：その時の邪馬台国の所在地はどちらでしょう。

卑弥呼「はい。わたくしが魏国へ向かっていたのではなく、あちらより名護屋へ来られました。北上して、一旦、北上をやめて戻り、名護屋でいただきました」

与志男：その後、大和の国へと北上されたと思いますが、その間も魏国との交流は続いた。

卑弥呼「はい、彼らは上陸して留まる者も多く、邪馬台国で生活もしておりました。その当時は今で言う貿易を盛んにいたしておりました。あちらからいただきましたのは、知識、鉄砲、食物の種、衣類、書籍などです。わたくしどもから差し上げましたものは、米、茶、女、衣類などです」

与志男：貿易が始まったのですね。魏国から輸入した食物の種とはどのようなものでしょう。

卑弥呼「芋、とうもろこしなど、こちらにあるものも多くございました。しかし、あちらからのものが美味しく、その作り方も学ばせていただきました」

与志男：そうでしたか、魏国からは、技術も学ぶことができたのですね。卑弥呼様はユダヤの血を引いていらっしゃるとも聞いております。

卑弥呼「皆さまのお話を聞いておりました。確かにユダヤの血は引き継いでおります。この血というものを大切にしながら、この大和の国を統一したく、侵略してまいりました。ユダヤの血というものは、遥か彼方からやってまいりました。わたくしが漏れ聞いておりますことは、大陸を渡り、今で言う対馬より入り、また別のルートでは、今で言う能登半島からも入ったと聞いております。わたくしどもの先祖の血は、軽々しくも言えるものではなく、この邪馬台国の種となり、人々に農作物の作り方を教え、また家の建て方を教え、学問の仕方を教え、大和の国の血とユダヤの血が重なり合って、この邪馬台国と、大和の国を作り上げたと聞いております」

与志男：卑弥呼様はユダヤの血を引いておられたのですね。大和の国には、水銀炭＊注9

と呼ばれる山があったとお聞きしました、水銀炭という山をご存知でしょうか？

卑弥呼「それはございます」

与志男：その山の場所は、今で言うとどちらでしょう。

卑弥呼「富士の山がそれでございます。人々はその山を讃え、国の誉と思い目指したものでございます。人々はこの山に、他所から人々が入ってくるのを防ぎ、この大和の国を守り通したのであります。その頃の富士の山は、現在の高さとは違い、形《かた》も違っておりました」

与志男：今と比べてどのように違うのでしょう。

卑弥呼「はい、形は違えども今よりも高こうございました。重なる噴火により、その姿を変えております。富士の峰は三つございました」

与志男：そうですか、富士山の峰が三つとは、さぞかし壮観な眺めだったのでしょうね。では、現在の卑弥呼様のお役目についてお聞かせ願えませんでしょうか？

卑弥呼「魂は常に大和の国を思い、神と繋がり、巫女のようなこともいたしておりましたので、今は神様のご用に務めております」

与志男：先ほど、陽の巫女とお話しくださいました。以前にも天照大御神様の陽の巫女を、お役目としてなさっているとおっしゃっておりました。

卑弥呼「はい。天照大御神様はすべからく数多《あまた》を照らし続け、その中でも頭の下がることばかりをなさいます。大変、尊敬をいたしております。わたくしは陽の巫女として大御神様のご用を申し賜り、動き、それを人々に分かち合いたいと思っております」

与志男：大切なお役目ですね。より良い日本のために大和の国の男性がやるべきこと、また女性がやるべきこととは何かをお教えいただけますか？

卑弥呼「かねてから申し上げましたが、『女子は女子として子を産み育て上げ、飯を作り、また殿方は雄々しくあれ』と願っております。わたくしの陳腐な願いでございますが、そう申し上げたいと思います」

与志男：大和民族の女性は謙虚で献身的に女性らしく、男性は雄々しく男らしくということですね。争いを鎮めるために、争う者同士が気づかなくてはいけないことは、どのようなことでしょう。また争う者たちを鎮めるために、邪馬台国の女王として、卑弥呼様はどのような手法を取って邪馬台国を治めたのでしょう。

卑弥呼「まず戦うことは領土を拡げることでございます。人々がその領土を拡げることに対して賛成をするならばよいと思いますが、わたくしはそれも聞かず、拡げようとしておりました。人間もまた同じことだと考えます。この領土を拡げるために、叩き合い、殴り合い、殺し合い、これは決して良くありません。辱めることも反省をしなければいけませんが、その渦中にある者はそれがわからず、この戦いを鎮めるには悔しくもありますが、一致団結とした声を燃え上がらせることだと思います。静かなる抵抗ではいけません。燃え上がるような言葉をその大将に叩き込み、人々が戦《いくさ》をやめる。それには一揆というものも必要かもしれません。人々が戦わない世の中は難しく、まず神は戦いをやめておりますので、この余波が人間に移ればと思います。戦うことは良くはありません。領土を拡げるという考えも捨て、人々がいかに大切に生きているかを知らしめることが必要だと思っております」

与志男：神が戦いをやめたように人間も戦いをやめるべきですね。戦いをやめ、世界の調和に貢献できるのが、和の精神を大切にする大和民族かと存じます。そのために日本人はどうあるべきでしょう。

卑弥呼「わたくしは女でありますが、進むべき道はハッキリ決めて進みましたので、今の方たちに言えることは、自分の通ってきた道しかわかりませんので、うまく申し上げられませんが、『筋道は通し、男、女が手を取り、この今の世の中でできることをなさるとよい』と思います。わたくしどもが生きておりました頃は、男は強うございまして、女は家で飯を作り、子どもを育て、口応えをせず、それでも楽しく生きておりました。しかし、わたくしはその道を外れ、もっと素晴らしき大和の国を作りたく、それではいけないと思い立ち上がったのでございます。今の方たちの生活を垣間見ると、わたくしのような者が多く見受けられ、それは有り難いことだと思っております。わたくしは先ほどから、皆さまのお話をお聞きして、良いものかどうかわかりませんが、嬉しく思いました」

与志男：今、世界では、グローバリズムが拡がっており、日本ではそれに危機感を募らせ、大和魂に目覚めた人々もおります。大和魂に目覚めた人々に励ましのお言葉をいただけますでしょうか。

卑弥呼「世の中が変われども、己の魂は魂として記憶があるものだと思っております。今の皆さまが前へ進むべき道を見せられたと思っておりますので、そのまま進まれるとよいかと思います。大切なものが何かということがよく見えてこられ、世の中は大変だとは思いますが人間としての魂は上昇されているものと思います。ご自身の幸せを求めるだけではなく、まわりの方々との協調を思い、人々に楽しみを与え、人々に苦しみを与えず、皆、仲良く手を取り合うことこそ、人間の生きる一番の幸せだということに気づいていただきたいと思っております。わたくしになかったことでもございます。恥ずかしながら、わたくしは自身が求めていたものとは、かけ離れたことを言っておりますが、人々の魂は生気《しょうげ》*注10され、きっと良い世の中になると思っております。本日は、誠にありがとうございました」

与志男：ありがとうございました。

神々との対話を終えて

石橋マリア

卑弥呼様は三世紀頃の邪馬台国女王と称された人物といわれています。まだ、文字もなかった時代といわれていますが、本当にそうだったのでしょうか？　中国の歴史書『魏志倭人伝』の記述によれば、現在の日本は「邪馬台国」、「倭国」ともいわれていますが、その頃の日本は各地で戦いが行われていたそうです。

そんな「邪馬台国」を治めようとしたのが、卑弥呼様だったようです。卑弥呼様は占いの力を用いて国を統一させようとされました。

ですが、今回のチャネリングでの卑弥呼様は、「女だてらに国を統一しようなどと考えたのは間違いでした」とお話しされました。その話しぶりは少年のようにしっかりと、ご自身のお詞《ことば》に責任を感じながらお話しになる、爽やかな王のようでもあります。

〈ユダヤの血〉について

——解説：石橋与志男

卑弥呼様は「確かにユダヤの血は引き継いでおります」とおっしゃいました。またユダヤの血を受け継いだ人が日本へ入ってきたルートについては、「大陸を渡り、今で言う対馬より入り、また別のルートでは、今で言う能登半島からも入ったと聞いております」とおっしゃっています。

卑弥呼様の時代の日本へは、多くの民族がやって来ました。元々、日本にはモンゴル系と中国系のいわゆるアジア系の人種が住んでいました。

では〈ユダヤの血〉は、どのように卑弥呼様に受け継がれたのか？　最初はモンゴル系に〈ユダヤの血〉が混ざります。その後も〈ユダヤの血〉は、エジプト系や北欧系、さらにアフリカ系やインド系などの人種からもちょっと混ざって一部の日本人に受け継がれたと、私は認識しています。そのいくつかのルートの中のどれかを受け継いだのが卑弥呼様になりますね。

家内（石橋マリア）が卑弥呼様をチャネリングした時に見えた光景では、背後に阿蘇山、正面には普賢岳が見えました。当時と今とでは地形も変わり正確な場所は断言できませんが、今の熊本県の大牟田、玉名の辺りかと思います。卑弥呼様の身長は1メートルちょっとですね。この時代の日本人は小柄でしたから。

最初、邪馬台国は阿蘇の方にあった。当時は男性主体の小国が乱立していて喧嘩ばかりしていた。卑弥呼様はチャネリングで神様の言葉を降ろして、小国を連合体として一つにまとめ上げた。それはチャネリングという力を使った予知能力で、災いなどを予言されていた。その後、卑弥呼様は、争いのない「大和」という「大きな和の国」を作ろうと言って、邪馬台国から「大和」という望みを持って、船で山口、四国、広島、奈良へ上っていかれたけれど、卑弥呼様がおっしゃっている通り、今の奈良辺りで、味方から命を奪われ志半ばで亡くなった。

卑弥呼様の時代の私たち日本人というのは、太陽神とか、月の神、海の神、川の神、山の神、野の神、木の神、雷の神、火の神、力の神、大国主様など、いろんな神様に生かされていた。それは自然崇拝ということです。当時の私たち日本人は、神様をチャネリングしながら、未来を開拓していたのです。

注釈一覧（卑弥呼）

*注1 **『魏志倭人伝』**：中国の歴史書『三国志』の一部で、「魏書」第30巻烏丸鮮卑東夷伝《うがんせんびとういでん》倭人条の中の一伝。

*注2 **邪馬台国**：二世紀から三世紀に日本列島に存在したとされる国。倭女王・卑弥呼が率いた倭国連合（邪馬台国連合）のこと。

*注3 **倭国**：中国の諸王朝などが、当時中国の南東にあった政治勢力・国家（現在の日本）を指して用いた呼称。

*注4 **伊予国**：現在の愛媛県。

*注5 **肥後**：現在の熊本県一円地域をさす日本の旧国名。

*注6 **青垣**：青々と茂っている垣の意。特に、青々とした山が、垣のように周囲を取り囲んでいる様。

*注7 **名護屋**：佐賀県唐津市にある地名。

*注8 **親魏倭王の封号**：歴代の中華王朝が近隣諸国の君主に封号を与え、朝貢を受ける代償として通交を許可したとされる。

*注9 **水銀炭**：水銀鉱があった山の名。水銀の重要な鉱石鉱物である辰砂《しんしゃ》は、古墳の内壁や石棺の彩色や壁画に使用された。漢方薬や漆器に施す朱漆や赤色の墨である朱墨の原料としても用いられた。

*注10 **生気**：いきいきした勢い。若々しく充実した気力。

少彦名命

すくなひこなのみこと

少彦名命《すくなひこなのみこと》

……ここよりチャネリング……

与志男：少彦名命様、お越しいただきましてありがとうございます。いくつか宇宙に関して質問をさせていただきたいと思います。現在、地球に関わる地球外生命体というのは、実際に地球上に存在していますか？

少彦名命「はい」

与志男：どのぐらいの種類の宇宙人がいるのでしょう。また良い宇宙人と悪い宇宙人がいて、宇宙の秩序を守る宇宙銀河連合＊注1という存在があり、地球に関与を進めているという話もあるのですが、それに関して教えていただけますか？

少彦名命「私が知っているのは３００です。３００の生命体が地球に入っていると聞いています。しかしそれらは人間に関わることはできないのです。人間との波動が違い過ぎます。見守ることだけはできます」

与志男：では姿形は人間と同じような感じでしょうか？

少彦名命「見えないと思います。動きが速すぎるので、人間の目では見えないと思います」

与志男：そうなのですね。また地球人が宇宙人とのハイブリッドを産んでいるケースもあると聞きました。

少彦名命「はい、あります」

与志男：アブダクション*注2が一部行われていて、地球人の女性が拐《さら》われて、それでハイブリッドを産むというケースもあるのでしょうか？

少彦名命「研究のために。しかし戻す。戻すことを義務づけられています。その場合は、記憶はありません。印はつけてある」

与志男：どんな印なのでしょうか？

少彦名命「それは言えません」

与志男：それは人間の肉眼にも見える印ですか？

少彦名命「見えることもあるし見えないこともあります。ただ人間の中にあるものを研究してまた戻す。またその中に、人間とまた違うものですが、人間で言う魂を吹き込むこともあり、そしてその女性が地球上の男性と結婚した時に、子どもがその魂のようなものを持って生まれることもあります。それは研究のためです。最近生まれてくる子どもたちにもあります。それで人々が苦しむことはありません。地球の中にいる宇宙人もいます。地球の中に住む宇宙人は日本人として生まれている者が多い。日本人は選ばれています」

与志男：地底人などもですか、ムー大陸＊注3とも関係がある。

少彦名命「それもあります」

与志男：日本は選ばれているのですね。では日本に存在する地球外生命体は、世界のどの地域、国よりも多いということですね。

少彦名命「と思います。本人も気づいていません。気づかないようにチャンネルを閉ざしていると思ってください。人々は、なぜか集まることが好きです。独りでいると寂しい人たちは宇宙人ではありません」

与志男：孤独が好きな人は宇宙人である可能性もある。

少彦名命「はい、高いです。宇宙人は人々と共に酒などを飲むことはあまりしません」

与志男：宇宙語を話す人が最近、増えているのですが、それについてはどうでしょう。

少彦名命「……」

与志男：本当の宇宙語をしゃべる人も中にはいるのでしょうか？

少彦名命「はい。少ないです」

与志男：最近、よく宇宙語と言って早口でしゃべる方がいます。皆、脳幹が開いている状態のですが、あれはどういうことなのでしょうか？　チャネリングをしているなのでしょうか？

少彦名命「そうだと思います。日本人は開きやすい」

与志男：はい、そうですね。

少彦名命「ですから遊ばれていることもあると思います。気をつけなさい。宇宙の言葉を話す者は少ない。その方たちの生命が危ないので気をつけなさい」

与志男：乗っ取られるということですか？

少彦名命「うーん、違います。一つはそれもありますが、うーん、自分がやるべきことが考えられなくなります」

与志男：そういうことですね。これはお答えしていただけるかどうかわからないのですが、その地球外生命体の種族たちがこれまで地球にもたらした恩恵などの良いこと、逆に悪いことについて、過去の歴史から教えていただけますでしょうか？

少彦名命「はい。まず良いことは、人々が、水がなく飢えに苦しんでいる時に手に入れる方法を教えてあげたり、人々が光を求める時に、明りを得る方法を教えたり、砂漠の中で方向がわからない時に、星を見てヒントを得ることを教えたり。悪いことは、人々が戦いを好むことを知っていますから、人々の中で苦しみを与えたい時は、戦うことをさせます。人間にとって悪いことは、私たちにはわからない。

だが人間にとって良いこともあまりわかりません。ですが、困っている人を助けることが、私たちは好きなのです」

与志男：キリストの奇跡*注4というのがありますが、それには関与していますか？

絵の中には宇宙船のようなものが描かれています。

少彦名命「はい。神として崇められた時代もありますが、イエス様は天の神の力を授けられた方です。私たちはいわば傍観者でした。私たちが生きやすいようにと道を作ってくださった方もイエス様です」

与志男：海が割れたモーゼの十戒*注5、あれにも関係していますか？

少彦名命「ありません。私たちには関係ありません」

与志男：宇宙秩序を守る宇宙銀河連合が、地球の核戦争などの問題に関してタイムライン*注6のすり替えなどを行い、介入しているとも聞くのですが、地球には、実際にそのような複数のタイムラインが存在するのでしょうか？

少彦名命「存在すると思います」

与志男：宇宙銀河連合が存在し、地球の安全を見守っているという話も聞きました。

少彦名命「はい。私たちの中には地球を守らなければいけない理由もあります。地球がダメになってしまうと宇宙の秩序も保たれません。宇宙のエネルギーが変わってしまいます。引力を渡されている地球を大切にしましょう」

与志男：引力が大きく関係しているのですね。

少彦名命「はい、地球は生きています」

与志男：そのタイムラインは人間の意思で選択も可能でしょうか？

少彦名命「無理だと思います」

与志男：わかりました。今後、地球人類にとって希望となる新しいエネルギーやテクノロジーの開発は、急激に進んでいきますか？

少彦名命「はい。隠されていますが、進められているのです。人間が人間を愛さないので、隠された秘密が進められています。早くそれに気づけば地球環境も変わります。人々の戦いも終わることになるでしょう」

与志男：それはいつ頃だと？

少彦名命「4年後。4年後と言われています」

与志男：4年後ですか、2026年ですね。それまでに地球人が成し遂げなければならない使命というものはありますか？

少彦名命「地球を大切にしなければ、うーん、うーん、ダメになるでしょう。地球にある木や花や鳥や魚、そういったものを大切にしなさい。木を切ってはいけませんが、整えることは大切です」

与志男：ありがとうございます。間もなく、地球人と地球外生命体との直接コンタクトが始まると言われていますが、それは地球にとって良い方向に向かうことになりますか？

少彦名命「難しいと思いますが、悪くはならないと思います。しかし、宇宙の者にも、うーん、自分たちを売った者もいるので」

与志男：良い存在と悪い存在がいるということですね。

少彦名命「そうしなければならなかったと思っていただけると有り難いです。私たちは地球の存続を願うので、すべてなくすようなことはしたくありません。ですから地球の皆さんも心を大切にして、人間に持たされている心です。そして人々を救ってください。私たちは見守りますが悪さはいたしません」

与志男：地球は宇宙から見て、どのような存在でしょう。

少彦名命「とても素晴らしく、私たちは守るようにと伝えられてきたのでそうしていますが、詳しくは言えません。ただとても素晴らしい星」

与志男：では地球も宇宙にとって何かしらの役割があり、大切な存在であるということですね。

少彦名命「はい、そうです」

与志男：地球の存続を守るために何が一番重要ですか？

少彦名命「樹木をまず、すべては水も空気も樹木が作り出すので大切にしてください」

与志男：わかりました。地球は三次元から五次元へ、今、次元上昇を行っているとよく耳にしますが、これは事実でしょうか？

少彦名命「それに関しては、わたくしはわかりません。ただ少しずつ少しずつ地球が変わってきています。それは回転速度であったり、人々の気持ちであったり、自然を冒涜《ぼうとく》した結果であったり、そのぐらいしかわたくしにはわかりません」

与志男：近い未来、地球人が他の惑星へ移住するというような計画が検討されているのですが、そのようなことは起こり得ますでしょうか？

少彦名命「あることだと思います」

与志男：可能性はあるということですね。

少彦名命「ただそこで生きることができるかどうかはわからない。地球を大切にしなければ」

与志男：はい。少彦名命様がご存知かはわかりませんが、今、宇宙人はだいぶ地球上に来ていて、グレイと言われる種属やトカゲ系の宇宙人と言われるレプテリアンなどと呼ばれる生命体が地球上には存在するのでしょうか？

少彦名命「わたくしは聞いていません」

与志男：ドラゴニアンという竜族と人間の、ハイブリッドはいるのでしょうか？

少彦名命「わたくしは聞いていません」

与志男：現在、少彦名命様はどういうお仕事をされているのでしょう。

少彦名命「はい、わたくしは北斗七星に居て、地球のバランス、また地球の環境を見守り、直接の関わりは持っていません。ただいつも見ています」

与志男：長野県の松本城天守閣の二十六夜神のところで北斗七星の神様を見ました、そして沖縄県の久高島でも北斗七星や北極星を見てきました。人間の信仰する願いは大成するでしょうか？

少彦名命「願いは叶う。届きます」

与志男：少彦名命様、ありがとうございました。

神々との対話を終えて

石橋マリア

少彦名命様は今から20年ほど前に初めてチャネリングさせていただいた時、こう言われました。

「私は一寸法師である。お椀の櫂《かい》はＵＦＯ。私は北斗七星からやって来た。だが今は秘密にしていてください」と。

あれから時は流れたので、もうお伝えしてもいいですよね？

多次元について

──解説：石橋与志男

少彦名命様は、日本人にはお馴染みの一寸法師であり、宇宙人です。今回、少彦名命様は、現在、「300の生命体が地球に入っている」と教えてくださいました。

私はこれまでにもチャネリングで宇宙人とお話しさせていただいていますが、プレアデス星人のリガールは、地球に来ている宇宙人は、362種と教えてくれました。これだけ多くの地球外生命体が来ていることには驚きますが、少彦名命様がおっしゃっているように、移動するスピードが光の速さぐらいあるので人間の目には見えません。

私たちが住む地球は三次元の世界です。多次元は、例えば、葡萄棚にぶら下がった房のように時空間がいっぱいあるとイメージするとわかりやすいかもしれません。十九次元か二十次元はあると認識しています。

一次元は点、二次元は平面、わたしたちが暮らす三次元は立体空間ですね。四次元は時間のない世界です。そして五次元以上はスピリチュアルな世界です。簡単に説明すると、五～六次元は悟りの世界、七次元～九次元は愛の世界、九次元～十次元は調和の世界、十一次元～十二次元は統一の世界、それ以上になると光子の世界ですね。私は十五から十八次元ぐらいまで認識しています。

私たちが暮らす三次元は「人間界」とも呼びます。では神々の住む「天上界」は何次元になるのでしょう？　実は「天上界」は十次元～十二次元になります。

では、今回チャネリングでご登場いただいた神々を次元ランクに当てはめますと、「天上界」はイエス・キリスト様、天之御中主神様、天照大御神様、菊理媛神様。「神界」はルシファー様、聖母マリア様、猿田彦様、天宇受賣命様、瀬織津姫様、卑弥呼様、お釈迦様、空海様、ガネーシャ様。「仏界」は弘法大師様、不動明王様、そして少彦名命様は十二次元以上の方になります。

日本の神様でも元無極躰主王大御神《もとふみくらいみぬしのおおみかみ》＊注7クラス

【各界別次元ランクと神々たち】 ※上記解説を各界別にしました。

■ **人間界**　三次元

■ **霊　界**　二次元～四次元
［魔界、地獄、閻魔界、精霊界、幽界、地獄界など］

■ **仏　界**　五次元～六次元：弘法大師、不動明王

■ **神　界**　七次元～九次元：聖母マリア、猿田彦、天宇受賣命、ルシファー
瀬織津姫、卑弥呼、釈迦如来、ガネーシャ、空海

■ **天上界**　十次元～十二次元：イエス・キリスト、天之御中主神
天照大御神、菊理媛神

になると十三〜十四次元くらいになりますね。

二・三次元から四次元の霊界には、二・八次元に幽霊とか妖怪、三途の川などがあります。

また三次元にも裏の世界が存在します。神社には神霊のご神体として本殿に祀られている神鏡 *注8 がありますよね。実はこの神鏡の裏にもう一つの三次元が存在しています。

わかりやすく言うと、表層意識と潜在意識の違いのようなものです。少彦名命様がタイムラインがあるとおっしゃっているのは、この裏の世界のことだと理解しています。

注釈一覧（少彦名命）

*注1　**宇宙銀河連合**：地球に関わっているとされる宇宙人の連合組織。
*注2　**アブダクション**：宇宙人が研究のために人間を誘拐するということ。
*注3　**ムー大陸**：太平洋の南中央部に存在し天変地異により水没したとされる大陸。現在のハワイ諸島やマリアナ諸島、イースター島など南太平洋上に点在する島々が陸続きになっていたという。
*注4　**キリストの奇跡**：新約聖書の福音書に記されたイエス・キリストが行った奇跡のこと。
*注5　**モーゼの十戒**：モーゼが神から与えられたとされる十の戒律のこと。
*注6　**タイムライン**：ある世界から分岐し、それに並存する異なる時間の流れの一つを指す。
*注7　**元無極躰主王大御神**：地球の創造神とされる。
*注8　**神鏡**：神聖な鏡。神霊のご神体として神社の本殿に祀られる鏡、または拝殿の神前に置かれている鏡のこと。

スペシャル対談

石橋マリア
&
石橋与志男

出会い、そして東京へ

与志男「当時、神様に『もう表に出なさい』と言われていた。私は『一人では無理だ』と答えていた。でも神様は『あと2〜3カ月待て』とおっしゃる。そこへマリアが現れたわけよね」

マリア「当時、私はいろんな霊が憑依して具合が悪くて通院していました」

与志男「そう、現れたじゃなくて、通院していたよね」

マリア「紹介されて通い始めて、何回目かの時に、院内で天宇受賣命様が、突然、私に入られた。ガラスがバリバリって振動するぐらいの勢いのある大きな声でしたね」

与志男「そうそう。私は『この人はチャネリングするんだなぁ』って。前からそういう人がよく来るから、最初はその中の一人だと思った。でも、そのチャネリングで私しか知らない悩みをマリアが言ったから、それで本物だって思ったんだよね。それを神様に聞くと『（一緒に動くのは）この子』だっておっしゃる」

マリア「その時、居あわせた霊能者の方から『石橋先生と結婚することになっていますよ』と言われ、しばらくして別の霊能者の方にも『この先生と結婚します。しないと命取られますよ、貴女の背中に白羽の矢が刺さっているから』とまた同じことを言われたのね。以前、知り合いの尼さんから

『48歳で神ごとに入る人だ』と言われていたので（来たか）と思いました。体調も悪いこともあり『あとの人生を全部、神様に捧げよう』と決心しました」

与志男「再婚して1年後には東京に行くことになったよね」

マリア「その後はとんとん拍子で、東京・桜新町に施術院を開くという時も、桜神宮の神様に呼んでいただいて」

与志男「これから桜の如く人を集めてくれるって」

マリア「そう、そう、木花咲耶姫《このはなのさくやひめ》*注1様が花びらの数だけクライエントさんを集めますって。桜新町へ呼んでくれたのが道開きの猿田彦様でした」

与志男「スポーツ界、政治界、芸能界、いろんな業界の人を集めると言われて、実際、言われたようになった。その後も、神様には、コロナも含めてこれから先のことも、大体のことは聞いていたので、佐賀に戻ったよね」

マリア「2020年に佐賀に戻りましたね」

与志男「コロナが発生した時、2019年の冬かなぁ、その後に武漢市場に広がったよね。来年は酷くなるということで、神様にそのことを聞いたら、どうもそうなると。じゃあ、もう引っ越そうという話になった」

マリア「冬には酷くなるから、6月までには引っ越そうって。そして佐賀の武雄に戻ったんですよね」

与志男「全部予定通りです」

マリアの部屋と勉強会

与志男「院を始めた頃は、勉強会を毎月、月に1回は、東京・桜新町と武雄でしていたよね」
マリア「そうそう。すぐに院内が満席になって、懐かしい。「マリアの部屋」という相談の部屋は、2011年7月から始めました。勉強会とは別に予約を取って、皆さんの話を聞きながら、神々や、その方のご先祖様にお聞きして、皆さんにお伝えする形式で。でも、キツかったですね。命を取られそうになったことも2回あって。具合が悪くなって、床にバタッと倒れて、心臓もバクバクして」
与志男「チャネリングやヒーリングは命懸けだよね」
マリア「その時は、相談を受けた方の後ろに武士が16人いて、それが私に全部入っているって主人に言われて。それで心臓が2回、具合が悪くなりましたね。『ちょっと怖いなぁ、もうやめよう』と思って。それでほどなくやめました。実際にはメール対応やいろんな方のサポートで、施術院が忙しくなった時期でしたね」
与志男「死ぬかと思うぐらい本当に忙しかったもん」

施術実績と奇跡について

与志男「クライエントさんが1日に170人というのはキツかった、今が150人ぐらいかなぁ。一番来院数が多かった時で、200人を超えていたねぇ」

マリア「1日に、200人ですよ」

与志男「それをどんどん施術して改善していく。150人ぐらいを施術して、遠隔施術で70人とかね」

マリア「今も遠隔で300人ぐらいの時もあります。iPadに顧客データが保存されているから、主人はビニール袋にiPadを入れて、入浴中も遠隔施術していますからね。お湯に浸かってずっと（苦笑）。睡眠の3～4時間以外は大体、施術のことに集中している」

与志男「あれだけの速度で施術しないと、クライエントさんの症状を改善したりはできない。あの人数を施術して、それでまたリピートが増えて、5～6人連れてきては、また5～6人がさらに連れてくるからね。だから、もうどれだけ施術しても限りなく増えていく」

マリア「今まで主人の施術を、長い間、見ていますけれど、歩けない人が歩けた時には感動しましたね。車椅子で来た人が歩けるようになって。見ている人も拍手をしたり泣いたりね。あとは子どものアトピーが改善しなくて、そうしたら意外なところにあった原因を見つけて良くなったこともありましたね」

与志男「家族で最後に施術を受ける方が原因を作っていることが多い。そこを改善すると、大体、終わるみたい」

マリア「あるクライエントさんは、2歳の時に、ご自宅を解体してから体が痛み出し、病名を言われたのが3歳の時。あちこち腫れて、痛みで歩けない。入退院を繰り返し、小学校2年生でリウマチと診断されたとのことでしたが、主人が言うにはリウマチではないと。それで、その子は主人のところへ1年通院していたけど、あまり良くならずに来なくなった。でも知り合いの方が、その子に通うように言ってくれたの。その子の家は、ご商売をされていて、お客さんが歩く床の下に、昔、井戸があって、それが原因ってこともありましたね」

与志男「そうそう、井戸の龍神様が怒っていたよね」

マリア「主人はその龍神様と長く話し合いをして、結果、その井戸があった場所に虎の尾の植木を置いて、お客さんがそこを歩かないようにした。しばらくしてその子の症状は改善されていった。ずっと薬漬けだったのに、今は結婚して子どもまで授かって。ご家族には喜ばれて『子どもが産めるなんて思わなかった』って。本当の原因がわかると早いですよね」

与志男「そう、病気のもとを取っても改善しない時は、そういう家や、生まれた場所が関係する場合もありますね」

マリア「主人は龍神様と話ができるから」

与志男「改善しないのではなく、大もとの原因に辿り着けないという感じ。さらに5年も10年も間違った治療をしているから、拗《こじ》らせたりする。例えば、椎間板ヘルニアという診断でも、その診断が間違いの場合もある。病気は、単純に〈怖がり〉、〈笑わない、楽しまない〉、〈喜ばない〉。その三つの要因も関係がある。『病は気から』っていうことですね」

能力開花について

与志男「今、来院するクライエントさんは、癌の方が60％ぐらい、あと難病の方が20％ぐらい。残りの20％は普通の病気の方と、能力を上げたいという方です」

マリア「政治家の方とか、学校の先生とか、いろんな人が来ますね」

与志男「能力を上げたい方には、1度の施術で一つずつ、まずは12個のチャクラを開けるのね。その方のチャクラを開放した上で、『実践しなさい』と、お話しする。施術していく過程で、大体、9個まで開いたら、試しに『実践しなさい』って、お話しさせてもらっていますね」

マリア「それで、もしできたなら、本人も自信がつきますからね」

与志男「そう。チャクラが三つぐらい開いたら、自律神経、交感神経、脊髄神経が整う。やっとこれで普通のレベルです。あとは心臓まで戻すと、まぁ、まぁ能力が使えるようになってくる」

マリア「こだわりが強い人って？」

与志男「基本的にこだわっている人はね……能力開花できる人は、思い込みじゃなくて、プラス思考で、さらに比較をしない人ね。だから憧れる人は絶対に得。憧れる人、夢の大きい人は成功する。夢とか希望がある人は絶対に勝つ。どうなりたいかって言い切れない人は逆にダメですね」

マリア「主人は諦めない性格です、しつこいぐらいに（苦笑）」

与志男「しつこい人は勝つ（笑）。良いも悪いも関係ない。いかにしつこいか、どれだけ集中できるか、しつこいが勝ちですよ」

神代文字の真実

マリア「『竹内文書＊注2』ってどのようなものかと聞かれることがあります。今回、武内宿禰《たけしうちのすくね》＊注3様をお呼びして、どういうことが書いてあるかなどを質問してみました」

与志男「『竹内文書』は、宿禰様のお孫さんの平群真鳥《へぐりのまとり》の写本が大元で、その子孫の家柄という竹内家の養子という竹内巨磨《たけうちきよまろ》が公開した」

マリア「宿禰様がおっしゃるには『何度か人の手が加わっている。本来の絵文字はそれぞれを重ねて組み合わせ、回転させれば地球外の者と交信を始める』って」

与志男「絵文字というのはいわゆる神代文字《かみよもじ》*注4のことで、梵字《ぼんじ》*注5のような文字や図象のようなもの、記号と図式ですね。宿禰様がお仕えした仲哀天皇*注6と摂政・神功皇后*注7の時代って、西暦200年前後で、まだ日本語のような文字はなかった」

マリア「宿禰様に『君ならわかるだろう?』って、言われましたよね」

与志男「そうだった(笑)。要するに神代文字は、単純に神々と交信するための〈神様の電話番号〉で、それを重ねて回転させると神様と交信できちゃう。神様と交信するための入り口です」

マリア「それって私たちの感覚で言うと、携帯電話の時代に、ひと昔前の公衆電話で電話をかけるみたいね(笑)」

与志男「そうだね。神代文字はインドのヤントラ*注8やマントラ*注9などの図象にも似ていますね。神代文字の時代には、女性が神々と交信し、男性がそれを具現化しやすくするために魔法陣《まほうじん》*注10を張る役割があった。その魔法陣がヤントラであり、女性が行うのがマントラです」

伊邪那美様のご供養

マリア「以前、伊邪那美《いざなみ》様をチャネリングした時、ネイルの色がグレーに変色したことがありました。私は、これはもしかしたら伊邪那美様は、まだ黄泉の国の『辛い環境にいらっしゃるのでは?』って」

与志男「だから伊邪那美様のご供養をできないかってね」

マリア「私は同性として、もしも未だに伊《い》邪《ざ》那《な》岐《ぎ》様を恨んでいらっしゃるのなら、それはお可哀そうなことだし、そのことで今の日本人の男女関係に影響を与えているのなら、伊邪那岐様と伊邪那美様の関係を良くすることで、私たち人間も変わるかもしれないって」

与志男「毎日のように、身内のご供養を希望されるクライエントさんが来院していらっしゃるからね」

マリア「それで主人に伊邪那美様のご供養をお願いしたの」

与志男「とても喜んでいらっしゃった。伊邪那美様には、神上がりをしていただいて黄泉の国から神界に上がっていただいたから」

マリア「本当にご供養をして良かったですよね。それで私たちが何度か参拝したことがある高千穂神社《たかちほじんじゃ》＊注11の豊玉姫《とよたまひめ》様と木花咲耶姫様もご供養しようって」

与志男「この姫君様たちも、感激されていましたね」

マリア「その後、宮崎の江田神社にて伊邪那岐様もご供養させていただき、お二人とも今はすっかりお幸せになられています」

魂の学びで大切なこと

マリア「本書に今回、神々から多くのお詞《ことば》を頂いて、魂の学びの大切さを教えていただきました」

与志男「やはり最終的には、いかに大きな心になれるかという勉強だから。お釈迦様は、ゼロを見つけてきたのよ。ゼロというのは、無量空虚または色即是空といい、異次元であり、感覚ではわからない場所。人間の〈間〉の取り方で、〈間〉があると、悪魔の〈魔〉が入り込んでくる。だから〈間〉を取れるようになったら、ぶつからないから全部、うまくいくようになる。〈間〉イコール〈空《くう》〉ですね。こだわりを捨てて囚われを捨てて自分がそうなると決めればそう成ります。発動します。そこが〈空〉〈間〉です。だから〈間〉の取り方の勉強。つまり心や魂って〈間〉の取り方なんです」

マリア「〈魔〉が入り込まないようにね」

与志男「ただそのためには、絶対に賢くないといけない。その相手のことを見たり、共感したり、同調しようとすまいと、それは絶対に必要です。〈間〉の取り方ができているかそうでないかは、人間として、間合いの差を取れるかというのが勉強ですね。それができない限り成功しないと思います。全部が合気道や柔など、武士道の間合いですね。それがわからないとダメです」

神様との関わり方

与志男「神様は人間を変えたいと思っています。神様が人間をどう導くかというのが神様の考え方だから、私たちは神様の言葉に耳を傾けて、変わっていくべきです」

マリア「それができたなら、この世界は変わっていく」

与志男「うん、神様は人類を、この地球から振り落としたりはしないって思いますよ」

マリア「一番は神様を敬う心、今は神様を軽く考えている方が増えましたから」

与志男「そうだよね、この本を読まれた方には〈神様との関わり方〉をしっかり覚えてほしいですね」

マリア「本当にそうですね、神社に参拝する時は、神様への感謝の気持ちを忘れない。礼節は最低限守らないとね」

与志男「あと神様というのは自然だから、ゆったりした方がいい。『あーじゃないといけない』、『こーじゃないといけない』と縛り付けるのではなくてね。昔の私たちが生まれ育った昭和という時代は、近所の爺ちゃん、婆ちゃん、おじちゃん、兄ちゃん、姉ちゃん、隣近所のみんなが仲良くしていたからね。心にもゆとりがあった」

マリア「そうでしたね、皆さんが少しでも心にゆとりを持てますように！　それが私たちの願いですね」

注釈一覧（スペシャル対談）

＊注1　**木花咲耶姫**：『記紀』（「古事記」と「日本書紀」の総称）の日本神話に登場する女神。

＊注2　**竹内文書**：神代文字で記された文書と、それを武烈天皇（第25代）の勅命により武内宿禰の孫の平群真鳥が漢字とカタカナ交じり文に訳したとする写本群と、文字の刻まれた石、鉄剣など、一連の総称。古代の文書を装った偽書とも。

＊注3　**武内宿禰**：『記紀』に登場し、景行・成務・仲哀・応神・仁徳の5代（第12代から第16代）の各天皇に仕えたとされる忠臣。

＊注4　**神代文字**：漢字伝来以前に古代日本で使用していたとされる多様な文字、文字様の総称。

＊注5　**梵字**：サンスクリットを表記する文字である悉曇文字《しったんもじ》のこと。

＊注6　**仲哀天皇**：日本の第14代天皇。

＊注7　**神功皇后**：仲哀天皇の皇后。初めての摂政。応神天皇即位までの約70年間君臨したとされる。

＊注8　**ヤントラ**：ヒンドゥー教徒が、瞑想の補助具として用いる象徴的・神秘的図形。

＊注9　**マントラ**：サンスクリット語で、文字や言葉の意味。インドではヴェーダ聖典、サンヒターのこと。宗教的には讃歌、祭詞、呪文など。

＊注10　**魔法陣**：魔術で使用する円状の図形のこと。円陣。

＊注11　**高千穂神社**：宮崎県西臼杵郡高千穂町に鎮座する神社。

おわりに――目に見えない真実と奇跡

神々からのメッセージ、いかがでしたでしょうか？　これまでの私たちに起きた不思議な体験や、今も続く私たちに与えられた〈神ごと〉という使命の一部を、石橋与志男の施術を知る方以外にも初めてお伝えいたしました。

対談でも少しご紹介させていただきましたが、改めて石橋与志男の能力と施術というものについて、もう少し詳しくお話しできればと思います。

「自分の能力は人とは違う」ということを知った石橋与志男は、地元の企業に一度勤めたのち、「その能力を生かして人を助ける」という明確な目的を悟り、その後アメリカで医学を学び、世界中のシャーマンや神々たちと交流しながら、より高みを目指すための長い修行の旅に出た、というお話は「はじめに」で短くご紹介させていただきました。

その後、帰国してからは、地元佐賀の武雄と東京で施術院を開業し、今に至るわけですが（現在は、佐賀と東京を往復する負担が大きすぎるため、佐賀県武雄市にある施術院のみで施術中）、佐賀の田舎で看板ひとつ出さず、宣伝もせずに細々と始めた施術院でしたが、有り難いことに今では毎日200人以上ものクライエントさまからの施術申し込みをいただいております。それもすべて、良くなられたクライエントさまからのご紹介と口コミがほとんどです。

来院するクライエントさまの抱える悩みや病気の症状は、本当に多岐にわたります。余命宣告を受けられた方、難病奇病で合う治療がなく長く苦しんできた方、記憶障害や精神疾患を抱える方、家族との確執や、原因不明の症状で悩まれている方、歩行困難な方など、さまざまです。そんな大変な症状をなぜ改善することができるのか、疑問に思う方も多いでしょう。石橋与志男の能力は説明が難しいのですが、簡単に言うならば、人間ＭＲＩといいますか、全身をスキャンして透視することができるのです。そして、その方の周辺に、身体の悪い部分や過去のデータがすべて記載されたカルテのような画像が浮かび上がるようです。その方のオーラから情報を読み取ることもあります。

施術法も、その方の過去の体験のトラウマや考え方の癖などに起因した症状が出ているケースが多いため、痛みを取り除く、歩けるようにする、といった身体的な苦痛を除く施術だけでなく、必要に応じて、記憶の書き換えや、元来その方に備わっている能力を向上させて、物事に対処できるようにするといった施術も行います。

症状によっては来院できない方、遠方の方のために、Ｓｋｙｐｅでの施術も行っていますが、施術を希望する方が多く、朝から深夜まで施術しても、なかなか追いつけない現状もあり、心苦しく思っております。施術院が終わった夜間から深夜までは、現在、不定期ではありますが「クラブハウス」という音声ＳＮＳを使って、無料で施術も行っております。一度に１０００人以上の方々が、施術を希望されて集まってくださいますので、順番で長く時間がかかってしまう場合も多いのですが、もしご興味がおありでしたら、石橋与志男や私、石橋マリアのＩｎｓｔａｇｒａｍやＦａｃｅｂｏｏｋの告知をチェックしていただければ、施術も体験、見学していただくことができます。

それから、私はお亡くなりになられた方のチャネリングはいたしておりませんので

ご承知おきくださいませ。

この本がご縁となり、一人でも多くの方々の何らかの救いになれば、私たちにとってこれほど幸せなことはありません。どうか皆さまが安心して幸せに毎日を楽しんで生きられますようにと心からお祈り申し上げます。そして〈見えない世界こそが真実だ〉ということも、ご理解いただけたらと願います。

出版するにあたり我がことのようにご協力いただきました、黒岩様と畔上様に心からの感謝を申し上げます。

神々より日本人への啓示をお伝えさせていただいたことへの、たくさんの心からの感謝とともに。

石橋マリア

◆『コスモライト石橋』について

『コスモライト石橋』という施術院を現在の場所へ決めたのは結婚してほどなくでした。二人の出発の場所です。私たちはこの場所で寝泊まりをして修行をし、まだ未婚だった娘も一緒に住んでいた時期もありました。

ある夜、突然チャネリングが始まりました。天之御中主神《あまのみなかぬしのかみ》様です。内容は覚えていませんが、当時はすべてカセットテープに録音をしていて、聞き返すと驚きました。響き渡る鼓の音と、こおろぎの鳴き声。御中主様のお声の合間合間に入っていたのです……話が逸れてしまいました(笑)。

『コスモライト石橋』は、佐賀県武雄市にあります。コロナが流行する３年前までは、約16年間、東京・桜新町にも院を構えており、ひと月の半分は東京、残りの半分は佐賀、東京と佐賀を往復し施術をしておりました。その後、コロナの影響もあり、桜新町院は閉院。現在は武雄院のみとなっております。

「来院施術」、「Skype施術」、「電話施術」の他に遠隔施術があります。遠隔施術等については、ホームページをごらんください。

◆『コスモライト石橋』

・住所：〒849-2204 佐賀県武雄市北方町大字大﨑1204番地2

・電話：0954-36-5489

・FAX：0954-36-5489

※番号はよくお確かめの上、お間違いがないようお掛けください。

・E-mail ganeshayukichan8@gmail.com

・ホームページ　https://cosmolight.co.jp/

神々《かみがみ》より日本人《にほんじん》へ

2022年11月20日　第1刷

著　　者　石橋 マリア

聞き手・解説　石橋 与志男

編　　集　黒岩 久美子　　船木 桂子
制作協力　畔上 治久（Is Factory）

発 行 者　菊地 克英

発　　行　株式会社東京ニュース通信社
〒104-8415 東京都中央区銀座7-16-3
電 話 03-6367-8023

発　　売　株式会社講談社
〒112-8001 東京都文京区音羽2-12-21
電 話 03-5395-3606

装　　丁　西尾 浩　　村田 江美

印刷・製本　株式会社シナノ

ISBN 978-4-06-530482-2